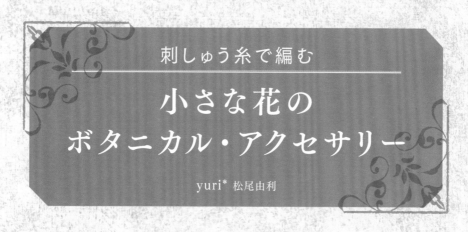

刺しゅう糸で編む

小さな花の
ボタニカル・アクセサリー

yuri* 松尾由利

講談社

Introduction

春はタンポポやオオイヌノフグリ、
初夏はドクダミやクローバー、
夏から秋はヘクソカズラの花や実など、
子どものころから、野に咲く花が好きでした。

自然が豊かな東京の郊外で育ち、
子どものころから手仕事に親しむなかで、
いつしか「かぎ針編み」の楽しさに目覚めました。

好きな植物たちを、ナチュラルな
心温まるアクセサリーにしたい、
生きている花の姿を
できるだけ忠実に表現したいと思い、
実物の花や実、葉や茎、つるの様子を見ながら
試行錯誤を重ねて、
色の選択肢が多い「刺しゅう糸」を使う
「ボタニカル・クロシェ（植物のかぎ針編み）」に
たどりつきました。

ボタニカル・クロシェでは、
植物の息吹が感じられる、
本物の色や質感を大切にし、
根がついたままの姿や
球根がまるごとついた花、
色が移り変わる実や葉、
自由に曲がりくねったつるなど、
植物たちの自然な姿を写し取っています。

クラフトやかぎ針編みが初めての人、
慣れていない人は、
まずラベンダーの作品から始めてみてください。
作り方をプロセス写真で丁寧に説明し、
動画も収録しています。
その他の作品も、
できるだけ作りやすいようなレシピにしてみました。

ボタニカル・クロシェで、
ご自身の味わいを加えた、
ナチュラルですてきなアクセサリーを作ってください。
本書がみなさまのお手伝いができましたら、
とてもうれしいです。

Yuri Matsuo

yuri* 松尾由利

2

作品を展示した自宅アトリエのショーケース。ドライフラワーとともにディスプレイ。

作品は手のひらに、ちょこん！とのるくらいに小さい。本物の花をミニチュアにしたようなサイズ感。

①ヘクソカズラの実のネックレス、②ムスカリのブローチ、③マトリカリアのブローチ、④ラビットビオラのマスクチャーム、⑤ラビットビオラのイヤーカフ、⑥ミモザのノンホールピアス、⑦根つきスズランのブローチ。アンティークタイルの上に刺しゅうしたクロスを敷いて。

作品の参考にする、大好きなビオラやシクラメンなど、季節の花をコーディネートした、アトリエ前のベランダガーデン。植物が映えるように鉢や雑貨は白で統一し、高低差に気をつけて立体感を出している。

3

Contents

Chapter 3
かぎ針編みの 基本とテクニック …68

動画で詳しく見られる ボタニカル・クロシェ

本書の見方・使い方

● Chapter1に登場する作品について、Chapter2で作り方を説明しています。

● 本書に登場する作品を作るための材料や用具の説明は、16〜17ページに掲載しました。アクセサリー金具やコードなどについては76〜77ページに、購入先やネットショップについては79ページに記載しています。材料に関する情報は2021年10月時点のものです。メーカーの都合により生産中止や廃番になることがありますのでご了承ください。

● かぎ針編みの基本については、18〜19ページおよびChapter3で説明しています。

● 作品のおおよその難易度を＊で示しました。

● 動画について
20〜23ページの「ラベンダーのブローチ」の作り方では、初心者でもかぎ針編みのボタニカル・アクセサリーが作れるように、「刺しゅう糸の分け方」「最初の目の作り方(編み始めB)」「花のフリルを編む」「花の組み立て」の動画が視聴できます。

● スマートフォンをお持ちの方は、QRコードからご覧ください。

● 電子版をお読みの方は、URLをクリックしてご覧ください。

● パソコンをご利用の方は、以下のサイトから接続してご覧ください。
　https://k-editorial.jp/mov/botanicalacce

いずれからも動画サイト(YouTube)に接続されます。なお、動画サイトの都合により、予告なく動画が変更。終了になることがあります。予めご了承ください。

■ QRコードはデンソーウェーブの登録商標です。

Chapter 1

生きているような
かぎ針編みのアクセサリー

手のひらにちょこんとのるほどの可憐な花たちは、
咲いている姿をそのままに、小さく写し取ったよう。
できるだけ実物に近い色の刺しゅう糸を選び、かぎ針で編んで形作る、
ボタニカル・クロシェのアクセサリーをご紹介します。

ラベンダー
⇨ P.8
How to make
⇨ P.20

チョコレートコスモス
⇨ P.11
How to make
⇨ P.37

ドクダミ
⇨ P.12
How to make
⇨ P.47

ミモザ
⇨ P.12
How to make
⇨ P.31

アナベル
⇨ P.8
How to make
⇨ P.24

ヘクソカズラ
⇨ P.13
How to make
⇨ P.43

ラビットビオラ
⇨ P.9
How to make
⇨ P.56

ヘクソカズラ
⇨ P.13
How to make
⇨ P.41

アナベル

白からグリーンへと移り変わる、アメリカノリノキ 'アナベル' を表現したピアス。可憐な花が集まっているので、どんな装いにも似合います。ベランダで育てている 'アナベル' の、咲き進んでいく微妙な色合いの変化を写し取るために、ミックス糸を使いました。作りやすい魅力的な作品です。

How to make ⇒ P. 24

Lavandula

ラベンダー

リラックスする香りと清楚な青い花が魅力のラベンダー。ベランダで咲かせたラベンダーをモデルにしてブローチを作りました。いまにもよい香りがしそうなくらい、実物の花にそっくりな仕上がり。花穂の色を変えたり、糸の本数や使うかぎ針の番手、束ねる花穂の本数を変えれば、自分だけのラベンダーのブローチに。

How to make ⇒ P. 20

アナベルのリング

アナベルの花をぎゅっと小さく束ねたようなリング。ナチュラルカラーの装いによくなじみ、モノクロのスタイリッシュなコーディネートのアクセントにもぴったり。リングだけでも、ピアスとおそろいにしてもすてきです。ミックス糸で花色の変化を表現し、リング台にバランスよく留めます。

How to make ⇒ P. 24

ラビットビオラのマスクチャーム

コロナ禍の気分転換に、マスクチャームはいかがですか？　イヤリングやピアスに代えて、マスクチャームでアクセサリーを楽しむ人がふえています。マスクのひもや耳にかける部分に引っかけるだけで、憂鬱な気分が吹き飛びます。どの花のモチーフでもできますが、特にラビットビオラがおすすめです。

How to make ⇒ P. 56

Viola × Wittrockiana
Rabbit type

ラビットビオラ

草花の中でも特に惹かれるのがビオラ。毎年たくさんの種類が園芸店に並びますが、ウサギの耳のようにピョコンと花びらが立った「ラビットタイプ」がぐーんとかわいらしくて、「これだけはどうしても、すぐに再現したい！」という気持ちでボタニカル・クロシェに。花一輪でもかわいさが際立つブローチです。

How to make ⇒ P. 51

ラビットビオラのイヤーカフ

ラビットビオラの花をモチーフにして、イヤーカフに仕上げました。花を編み、イヤーカフの台に取りつけるだけなので、それほどむずかしくありません。花の中心に小さなビーズをつけて、華やかさとかわいらしさをプラス。着けたら心が弾み、思わずお出かけしたくなります。

How to make ⇒ P. 57

Spiraea cantoniensis

コデマリ

春に白くて可憐な花が集まって咲く、やさしげな風情のコデマリ。自然にしなだれて咲く姿が、なんともいえないかわいさです。その様子を写し取って、小さなブローチに。さりげなく上品なので、シンプルなシャツやアウターの襟元、スカーフ留めのほか、カゴやバッグのワンポイントに使ってもすてきです。

How to make ⇒ P. 44

9

マトリカリア

Tanacetum parthenium

「どちらがブローチ?」、本物と見分けのつかない、マトリカリアのブローチ。花びらと花びらの間にちょっとしたすき間ができる、可憐な咲き方をそのままボタニカル・クロシェにしました。微妙な濃淡がある花びらもリアルに再現。人気のマトリカリアのかわいらしさを表現しています。

How to make ⇒ P.32

ムスカリ

Muscari

春のフラワーショップで人気がある、球根がついたままのムスカリの花。花とともに、葉や球根、根がついた姿を眺めていると、生命の息吹を感じて、とても癒やされます。その生き生きとした表情をまるごと、ボタニカル・クロシェでブローチに仕上げました。インテリアとしても楽しめます。

How to make ⇒ P.58

Cosmos atrosanguineus

チョコレートコスモス

チョコレートに似た甘い香りがしそうなくらい、本物にそっくりなチョコレートコスモスのブローチ。シックな花びらの色合いと花芯の質感に試行錯誤しましたが、入手しやすい材料と手軽なテクニックで実物に近づけるように工夫しました。花びらの形や葉とのバランスも、本物に近づけています。

How to make ⇒ P.37

Convallaria majalis

根つきスズラン

清楚で、甘く上品な香りをもつスズランの花。小さくて華奢な白い花が並ぶ姿が魅力です。フラワーショップで根つきのスズランに惹かれ、根までついたスズランのナチュラルな生命感を作品に注ぎ込みました。花や葉だけではなく、根ごと表現することで、よりリアルで生き生きとした表情になっています。

How to make ⇒ P.63

ドクダミ

Houttuynia cordata

白い4枚の花びらと、先端が丸くてちょっと長い花芯にはグラデーションが入っていて、葉はきりっとしたハート形。よく見るとドクダミの花って、とてもおしゃれな容姿だと思いませんか？　道端に咲く花を1本グラスに挿しても、いつまでも眺められます。小さなブローチにドクダミへの想いを込めました。

How to make ⇨ P. 47

ミモザ

Acacia baileyana

明るい黄色の花とニュアンスのあるモスグリーンの葉がすてきで、毎年のように春になると切り花を買い、ピッチャーやガラスの花器に飾ったり、リースやスワッグにするミモザ。「ひと枝切って、シャツの胸に着けてみたい」という気持ちで、ブローチにしてみました。スカーフ留めにしてもすてきです。

How to make ⇨ P. 28

ミモザのノンホールピアス

小さな丸い花を咲かせるミモザは、春を告げる人気の花。ふわふわとしたビタミンカラーの花と細かい切れ込みが入った葉をボタニカル・クロシェにし、アシンメトリーのノンホールピアスに仕上げました。花の部分は、咲き進む様子を微妙な色のミックス糸を使って表現しています。

How to make ⇨ P. 31

Paederia scandens

ヘクソカズラ

大好きなヘクソカズラの実のモチーフを生かして、ブローチ以外のアクセサリーにしてみたいと思い、ネックレスに仕立てました。ブローチピンを取りつける前のボタニカル・クロシェを、楕円形の木製パーツにくるくると巻きつけ、革ひもを通すだけ。シンプルなセーターやワンピースに、よく似合います。

How to make ⇒ P.41

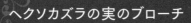

ヘクソカズラの実のブローチ

ヘクソカズラは、子どものころから大好きな植物です。茶色くなったつるが絡まる様子や、晩秋の実の色合いがシックで、散歩の途中で見つけた木に絡まっているものをインテリアに取り入れて飾っています。濃淡がある実やくるっと曲がったつるを写し取って、表情豊かなブローチを作りました。

How to make ⇒ P.43

Reference work 〈参考作品〉

ヘクソカズラの花を装いに

白い花がつるの節々につき、夏の野に咲く楚々としたヘクソカズラ。なめらかに伸びるつると、中心が茜色の小さな花には、なんともいえない表情があります。散歩の途中で道端の木やフェンスに絡まって咲く姿がとてもかわいらしく、見つけたときの姿を作品に再現してみました。くさり編みのひもを短く結べばチョーカーに、長く垂らせばネックレスに。くるくると何重にも腕に巻いてラップブレスレットにしてもすてきです。

13

野の花編

散歩の途中で見る花や
子どものころの思い出の花を、
精巧なボタニカル・クロシェのブローチに。
刺しゅう糸を1本に分け、細い12号のレース針で
編み目をきつめに編んでいます。

Veronica persica
オオイヌノフグリ

大好きな青い小花を、ひょろっとした
根ごとブローチにしました。コデマリの
花と葉を応用し、根はスズランを応用。
茎と根元の色むらをリアルにして。

Viscam album
ヤドリギ

プロペラのような葉と丸い実がかわい
いヤドリギ。ムスカリの葉を応用して葉
と枝を作り、ビーズで実の濃淡を表現。
アンティークレースのタグをつけました。

Trifolium repens
クローバー

楚々とした雰囲気をそのままに、花
と葉を束ねたブローチに。ブローチ
ピンの部分に、アンティークレース
のタグをつけています。

Taraxacum
タンポポ

明るい黄色の花と、ギザギザと深く
切れ込みの入った葉が魅力。ふさ
ふさとした花びらの質感を、色むら
があるミックス糸で表現しています。

Gossypium
コットンフラワー

小学生のころ、授業で育てたコットン
が忘れられない思い出です。ふわっ
とした質感を表現したブローチを作り
たくて、実物そっくりに仕上げました。

ガーデン編

ベランダガーデンで咲かせている植物を
モデルにしたブローチ。
途中で糸の色を変えているものもあり、
繊細で難易度が高い作品です。
ボタニカル・クロシェの世界をお楽しみください。

Hyacinthus orientalis
ヒヤシンス

友人に球根つきのヒヤシンスをプレ
ゼントされたことがきっかけで作っ
た、球根と根がついたヒヤシンスの
ブローチ。花と葉はスズランの応用、
球根と根はムスカリの応用です。

Viola
ビオラ

花の中でいちばん好きなビオラを、色
幅のあるミックス系の糸で表現しました。
ラビットビオラの編み方を変え、目数
をふやして丸い花びらに仕上げます。

Origanum rotundifolium
花オレガノ

ベランダで育てている、花オレガノ'ケ
ントビューティー'がモデル。ふわっと
重なる淡い緑色の苞と、その間から
覗くピンクの小花がそっくりです。

Nemophila menziesii
ネモフィラ

花の底の部分はスズランの応用、
途中から糸を変えて編み、着色し
た花芯をつけるという難易度の高
い作品です。葉はミモザの応用です。

Cyclamen persicum
シクラメン

ひらひらと反り返った花びらと、つ
ーんと突き出たつぼみが可憐なシク
ラメン。細い茎と模様が入った葉
もそのまま、小さなブローチに写し
取りました。

作ってみたい！
かぎ針編みのアクセサリー

ボタニカル・クロシェのアクセサリーを作ってみましょう。
刺しゅう糸をかぎ針で編んで花や葉などのパーツを作り、
茎や根は、ワイヤに刺しゅう糸を巻きつけて表現します。

材料と用具　ボタニカル・クロシェのアクセサリーを作るために必要な、材料と用具をご紹介します。

一般的な単色の刺しゅう糸　　　グラデーションの刺しゅう糸

刺しゅう糸

本書では基本、太さ25番（数字が小さいほど太い）の一般的な刺しゅう糸を使用します。25番の刺しゅう糸は8mの糸6本を1組にして1本の糸によってあり、作品ごとに何本かに分けて使用します（6本のうち3本を使う場合は3本取り）。数百もの豊富な色数があり、単色のほかグラデーションのついたものも魅力で、素材や質感はメーカーにより異なります。DMC、コスモ、オリンパスなどのメーカーのものがおすすめです。

❶　❷

かぎ針（レース針）

かぎ針は番手の数字が小さいほどかぎが太くなり、本書ではレース針2号（❶）とレース針10号（❷）を使用します。レース針2号はラベンダーの作品（P.20〜23）で使用し3本取り、その他の作品はレース針10号で1本取りにして編みます。

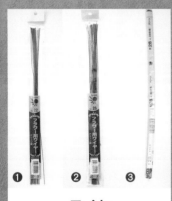

❶　❷　❸

ワイヤ

フラワーアレンジメント用のワイヤに刺しゅう糸を巻きつけたり、編み込むなどして、茎や葉の芯、根などにします。数字が小さいほうが太くなり、本書では#22（❶）、#26（❷）、#28（❸）を使用。

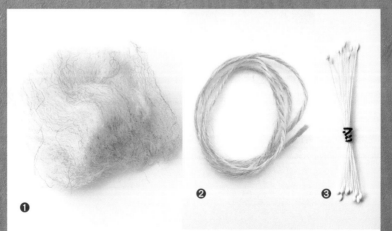

❶　　　　　❷　　　　　❸

その他の材料

羊毛フェルト（❶）は、ムスカリ（P.58〜）の球根の中に詰めてふっくらと丸く整えるために使います。麻ひも（❷）は、かぎ針の先で細かく分けてスズラン（P.63〜）の根に。ペップ（❸）はチョコレートコスモス（P.37〜）の花芯にします。

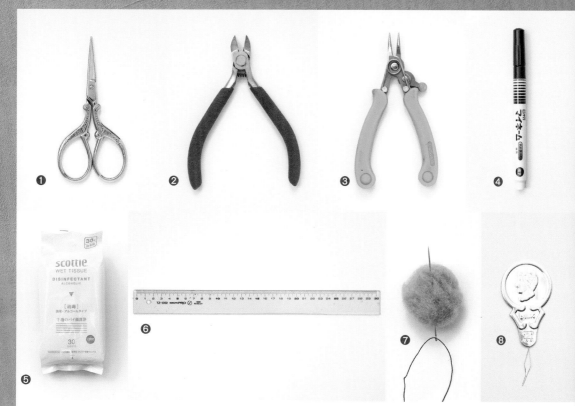

主な用具

手芸用はさみ（❶）は、ストレスなく糸がよく切れます。ニッパー（❷）はワイヤを切るときに使います。やっとこ（❸）は、小さなパーツをつかんだり、ひっくり返したりするのに便利です。油性サインペン黒（細字）（❹）は花芯などの着色に使います。ウエットティッシュ（❺）で、手についた木工用接着剤を拭き取るときれいに落ちます。定規（❻）は糸やワイヤなどの長さを測ります。縫い針（❼）と糸通し（❽）は、アクセサリーパーツや葉の組み立てなどに使います。

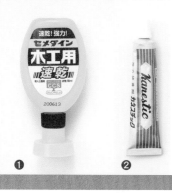

接着剤

刺しゅう糸の糸端の始末や、ワイヤに刺しゅう糸を巻きつけるときなど、基本的な糸の接着に木工用接着剤（❶）を使用します。乾くと透明になり、接着部分が目立ちません。刺しゅう糸で編んだモチーフを金具に取りつけるには、強力接着剤（カネスチック）（❷）が便利です。

爪楊枝

木工用接着剤を使用する際に、爪楊枝の先端につけてから刺しゅう糸やワイヤにつけると便利です。小さい接着面でもきれいに効率よく接着剤が塗りつけられます。貼りつけた刺しゅう糸は、爪楊枝の頭でしっかり押さえて固定します。

硬化液スプレー

花びらや葉の形を整え、形が崩れないように固定します。周囲に新聞紙を敷き、換気をしながら作品にスプレーします。金属製のアクセサリーパーツにつかないようにします。

ピン

組み立てたボタニカル・クロシェをブローチに仕上げる際に取りつけます。その他のアクセサリーパーツについては、P.76～77を参照してください。シックな色調の古美色がおすすめです。

❶ブローチピン
❷安全ピン

針の持ち方

親指と人差し指で針の持ち手
をしっかり持ち、中指を針の
ほうに添えると、細かいものを
編むときにも針先が安定する。

この本での糸のかけ方

通常の糸のかけ方で編みにくい場合、
この本独自の糸のかけ方を試してください。

1 左手の親指と人差し指で編
む糸をはさみ、右手で指に
かける糸を持つ。

2 右手に持った糸を左手の中
指の上にかけ、隣の薬指と
の間から手前にもってくる。

3 左手の薬指から小指の上に
糸をかけ、糸がピンと張るよ
うにする。中指、薬指、小
指の3本で、糸の張り加減
を調節する。

編み始めは2通り

本書では、「編み始めAパターン／中心のわを作って外側に編み進める ＝主に花や球根」と、
「編み始めBパターン／最初の目を作って横に編み進める ＝主に葉や横長のパーツ」の
2通りの編み始め方があります。

編み始めA

わを作って、
中心から
円形に
編むとき

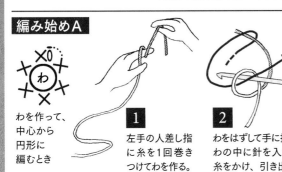

1 左手の人差し指
に糸を1回巻き
つけてわを作る。

2 わをはずして手に持ち、
わの中に針を入れて
糸をかけ、引き出す。

引き出した糸

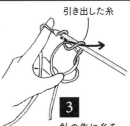

3 針の先に糸を
かける。

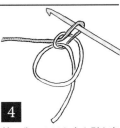

4 針の先にかけた糸を引き出
す。本書では、この目が最
初のくさり編みの1目になる。

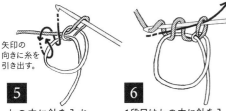

矢印の
向きに糸を
引き出す。

5 わの中に針を入れ
る。

6 1段目はわの中に針を入
れ、編み図にそってこま
編み（P.69）を編む。

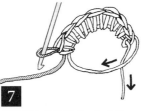

7 編み終わる手前で、わの糸
を少し引き締めて最後の目が
編みやすいように整える。

8 1段目の編み終わりは、最初
のこま編みの頭に針を入れ、
糸をかけて引き抜く。

編み始めB

最初の目を作って横に編み進めるとき。

1 糸を持ち、針を糸の向こう側
から入れて矢印の向きに回転
させる。

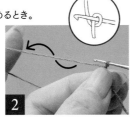

2 糸が交差した部分を親指と中
指で押さえ、針の先を矢印の
ように動かして糸をかける。

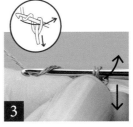

3 **2**でかけた糸を針にかかって
いるループに通して、手前側
に糸を引き出す。

4 糸を少し引いて目を整えたら、
最初の目のできあがり。

編み目記号と編み図

かぎ針編みは、編み目記号と編み図が読めるようになると、どんなものでも編めるようになります。
編み目記号は覚えるしかないので、何度も編んで慣れましょう（編み方は P.68～参照）。
編み図は設計図です。覚えてしまえば簡単です。

主な編み目記号

- ◯ = くさり編み
- ⬮ = 引き抜き編み
- ✕ = こま編み
- ⊤ = 中長編み
- ∤ = 長編み
- ∦ = 長々編み
- ⋀ = こま編み2目一度
- ⋁ = こま編み2目編み入れる

円編み

本書の「編み始めAパターン」で中心のわを作り、放射状に広がりながら編み進める方法。

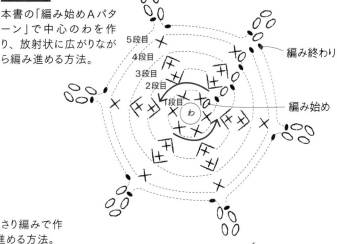

5段目
4段目
3段目
2段目
1段目
編み終わり
編み始め
わ

平編み

本書の「編み始めBパターン」で始め、くさり編みで作り目し横に進み、往復するなどして編み進める方法。

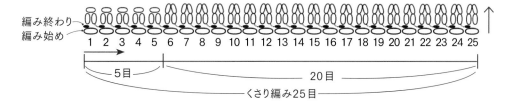

編み終わり
編み始め

1 2 3 4 5 6 7 8 9 10 11 12 13 14 15 16 17 18 19 20 21 22 23 24 25

5目
20目
くさり編み25目

編み終わり

基本的に編み終わりは、すべて同じです。

1 ムスカリの花1つ分が編み終わったところ。（P.58～62）

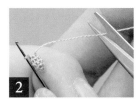

2 刺しゅう糸を2cmほど残して手芸用はさみで切る。

3 針を上に静かに引き伸ばしながら、カットした刺しゅう糸を全部引き抜く。

4 最後の目を引き締めて、形を整えたら完成。

巻いている糸が足りなくなったら…？

茎や根などに刺しゅう糸を巻きつけているとき、糸が足りなくなった場合の継ぎ足し方です。

1 スズランの根元に木工用接着剤をつけてグラデーションの刺しゅう糸を巻きつけていたら、糸が足りなくなった。（P.63～67）

2 巻いていた糸端をすべて巻きつけてから、同じ色の糸を上から貼りつけていく。グラデーションの刺しゅう糸は、色みが近い部分を選ぶ。

3 足りなくなった部分よりも少し上から新しい糸を重ねて指で押さえ、接着剤で貼りつけながら糸を巻いていく。

4 接着剤をつけながら、刺しゅう糸をすき間なく巻きつける。

ラベンダーのブローチ

作品の大きさ　全長9㎝　花穂2.5㎝

用意するもの

● 刺しゅう糸
　DMC31①（青系）、DMC937②（緑系）
● ワイヤ　#22
● レース針用かぎ針2番
● ブローチピン 1個

木工用接着剤、手芸用はさみ、定規、
爪楊枝、ニッパー、ウエットティッシュ

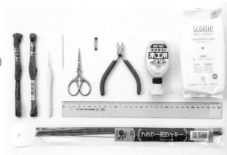

フリルの編み図

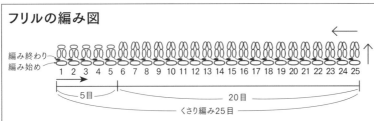

編み終わり
編み始め
1 2 3 4 5 6 7 8 9 10 11 12 13 14 15 16 17 18 19 20 21 22 23 24 25
5目　　　20目
くさり編み25目

作り方

1— 刺しゅう糸を3本取りにする。
2— 編み始めBからフリルを編む。
3— ワイヤに糸を巻き、茎を作る。
4— フリルを茎に巻き花穂を作る。
5— ブローチピンを取りつける。

糸を分ける

1

ラベンダーの花は紫色を2m
×3組、茎は緑色を50㎝×
3組、組み立てには緑色40
㎝×1組と10㎝×1組を使
う。まず、刺しゅう糸を測る。

2

刺しゅう糸①を**1**のそれぞれの
長さにカットする。

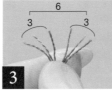

3

6
3　3

3　3

刺しゅう糸は細い糸が6本で1組になっている。この作品ではすべ
ての糸を3本取り（3本1組）で使うので、糸を3本と3本に分ける。

4

糸を絡まりにくくするには、より
をほぐしながら分ける。

5

分けた糸を片手にゆるく巻い
て束ね3本1組に分割。

動画で詳しく見られる
ボタニカル・クロシェ● 1
刺しゅう糸の分け方
https://youtu.be/oYrJ-XwoT9g/

動画で詳しく見られる
ボタニカル・クロシェ● 2
最初の目の作り方（編み始めB）
https://youtu.be/M9wwD1atu4o/

編み始め B

1

糸①を持ち、針を糸の向こう
側から入れて矢印の向きに回
転させる。

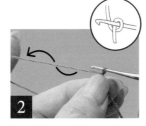

2

糸が交差した部分を親指と中
指で押さえ、針先を矢印のよ
うに動かして糸をかける。

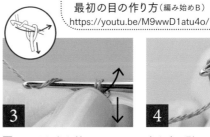

3

2でかけた糸を針にかかって
いるループに通して手前側に
糸を引き出す。

4

糸を少し引いて目を整えたら、
最初の目のできあがり。

動画で詳しく見られる
ボタニカル・クロシェ◉3
花のフリルを編む
https://youtu.be/5UvZ2egtyUs/

花のフリルを編む

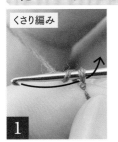

1 くさり編みをする。針に糸をかける。

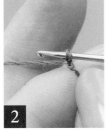

2 針を最初の目から引き抜く。くさり編みが1目できる。

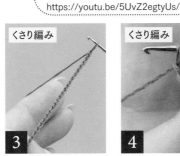

3 **1**〜**2**を繰り返してくさり編みを合わせて25目編む。

4 さらにくさり編みを4目編む。この4目が立ち上がりになる。

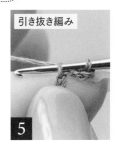

5 25目めに針を差し込む。

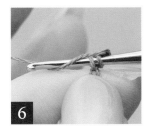

6 差し込んだ針に糸をかける。

7 糸をかけた針を2目連続して引き抜き、引き抜き編み1目が完了。

8 くさり編みを4目編み、立ち上げた目の隣の目に針を差し込み引き抜き編み1目を、図の24目〜6目まで**4**〜**7**を繰り返す。

9 20目まで編み終わったところ。自然にくるっと巻いてくる。

10 5目からはくさり編みを3目立ち上げる。

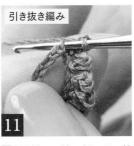

11 **5**と同様に、隣の編み目に針を差し込む。

12 **6**と同様に、差し込んだ針に糸をかける。

13 **7**と同様に、糸をかけた針を2目連続して引き抜き、引き抜き編み1目完了。

糸の始末

14 5目〜1目まで**10**〜**13**の要領でくさり編み3目と引き抜き編み1目を繰り返す。

15 最後まで編み終えたところ。

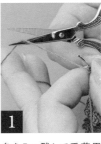

1 糸を5cm残して手芸用はさみで切る。

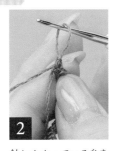

2 針にかかっている糸を静かに上に引き抜く。

3 編み始めの糸と編み終わりの糸を合わせ、2mm残して切りそろえる。

4

糸の端に爪楊枝で接着剤をつける。

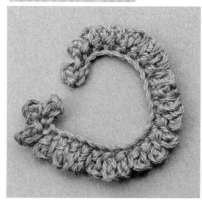

フリルの完成

5

爪楊枝の頭で接着部分を押し、固定したら糸の始末の完了。

フリル部分が完成。接着剤がはみ出さないように注意し、手についたらウエットティッシュで拭きとる。

動画で詳しく見られる
ボタニカル・クロシェ ● 4
花の組み立て
https://youtu.be/6KWGRUPjOdk/

花の組み立て

茎を作る

1

ワイヤに糸②を巻いて茎を作る。ワイヤ#22をニッパーで9cm×2本、8cm×1本にカットする。

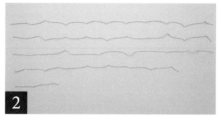

2

糸②を3本1組に分け、茎用は50cm×3組、組み立てには40cm×1組と10cm×1組を用意する。

3

ワイヤに接着剤をつける。

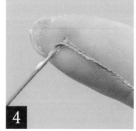

4

50cmに切った糸を、ワイヤの先端に押さえながら留める。

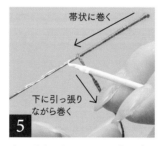

5

帯状に巻く

下に引っ張りながら巻く

糸が重ならないように、少しずつ巻きつける。

6

糸端を5mm残してカットする。

7

糸端に爪楊枝で接着剤をつけ、爪楊枝の頭で押して留める。

8

指先でなじませる。ワイヤの反対側の先端も同様に始末する。

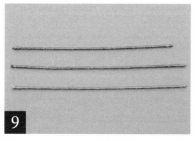

9

残りの2本のワイヤにも糸を巻きつけ、合計で茎を3本作る。

10

フリルを巻く

糸を巻いた茎の先端に接着剤をつけ、フリルの3目の部分に押し当てる。

11 フリルをくるくると巻きつけて接着する。

12 巻き終わりの縁は内側に接着剤をつけて固定する。

13 頂部と巻き終わりをしっかり押して固定し、形を整える。同様に花穂を3本組み立てる。

花穂をまとめる

14 3本の花穂を茎が平らになるように束ねてまとめる。中央の花穂が短くなるように組むとバランスよくまとまる。

ブローチピンの取りつけ

15 茎の中央よりもやや下に接着剤を一回りつける。

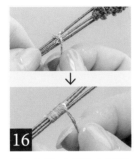

16 10cmに切った緑色の糸②を下から上へ向かって巻きつけて固定する。

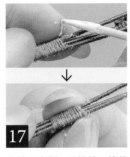

17 糸端の内側に爪楊枝で接着剤をつける。指で糸を押さえて固定する。

1 固定した花穂に金具を取りつける。ブローチピンと40cmに切った糸②を用意する。

2 ブローチピンの針をはずして開き、金具の表面に接着剤をつける。

3 針を下にしてブローチピンの接着剤をつけた面を、糸を巻きつけた部分に押してつけて貼る。

4 ブローチピンの内側、両サイド、茎側の4面ともに、接着剤をつける。

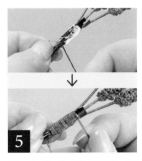

5 40cmに切った糸を糸端2cm残して針側から糸ですき間なく巻く。

6 巻き終わったら糸端を2mm残してハサミでカットする。

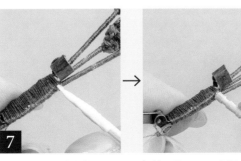

7 糸端の内側に接着剤をつけ、爪楊枝の頭でしっかり押して留める。ブローチピンの糸の巻き始めに2cm残っている糸端も同様に接着剤で留めつける。

完成

ブローチピンを糸できれいに巻いて固定できたら完成。木工用接着剤は乾くとほとんど目立たなくなる。

ピアス

リング

アナベルのピアスとリング

作品の大きさ　ピアス（花径）…1.5㎝　リング（花径）…2㎝

用意するもの

- ●刺しゅう糸 DMC94（緑系）
- ●金具8シャワー（ピアス）…1組（2個入り）、
  金具12シャワー（リング）…1個、
  丸小ビーズ…12個（ピアス）、8個（リング）
- ●レース用かぎ針10番

縫い針、糸通し、木工用接着剤、手芸用はさみ、
定規、爪楊枝、やっとこ、ウエットティッシュ

作り方

1— 花びらを1枚編む。

2— 花びらを合わせて4枚編み、
　　花の形にする。

3— 花芯部分にビーズを入れ、
　　花のモチーフを完成させる。

4— 花のモチーフに金具を
　　取りつける。

花の編み図

編み終わり
編み始め

糸を分ける

刺しゅう糸をほどいて、
6本の糸を1本取りに
する。

編み始めA

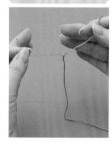

1 左手の人差し指に糸を
1回巻きつけ、わを作る。

2 作ったわを右手で指か
らはずす。

3 わの中に針を入れる。

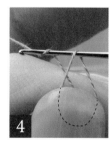

4 左手でわを持ち、針の
先に糸をかける。

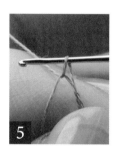

5 わの中から手前に引き
出す。

6 さらに針に糸をかける。

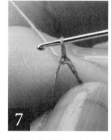

7 かけた糸を引き抜く。こ
の目が最初のくさり編み
になる。

1段目

こま編み

1 わのなかに針を入れる。

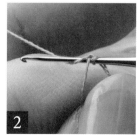

2 針に糸をかける。

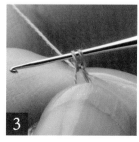

3 わの中から手前に引き出す。

4 さらに針に糸をかける。

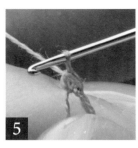

5

針にかかっている2つのループを一度に引き抜く。こま編み1目が完成。

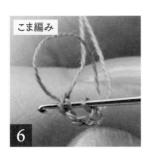

こま編み

6

こま編みを合わせて4目編む。

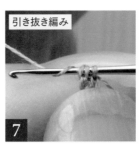

引き抜き編み

7

1目めのこま編みの頭2本の糸を拾い、針を入れる。さらに針に糸をかける。

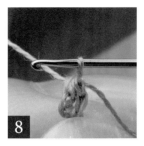

8

針にかけた糸を、引き抜く。1段目が完成。

2段目

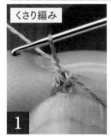

くさり編み

1

針に糸をかけ、ループから引き抜き、くさり編みを1目編む。

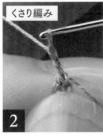

くさり編み

2

1と同様に、さらにくさり編みを1目編む。

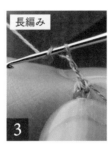

長編み

3

糸に針をかける。

4

1段目の頭2本の糸を拾い、針を入れる。

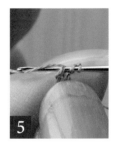

5

針に糸をかけて引き抜き、ループを作る。

6

針に糸をかける。

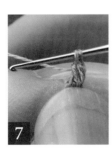

7

針にかかっている左側の2つのループを一度に引き抜く。

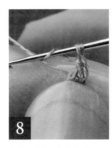

8

さらに針に糸をかける。

9

針にかかっている残りの2つのループを一気に引き抜き、長編み1目が完成。

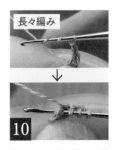

長々編み

10

針に糸を2回巻く。針を**4**と同じ目に入れる。

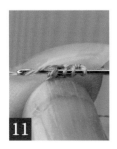

11

針に糸をかける。

12

目から糸を引き抜き、ループを作る（ループ4つ）。

13

針に糸をかける。

14

左側2つのループを一度に引き抜く（ループ3つ）。

15

針に糸をかける。

25

16
左側の2つのループを一度に引き抜く(ループ2つ)。

17
針に糸をかける。

18
残りの2つのループを一度に引き抜く。長々編み1目が完成。

長編み

19
❸～❾と同様に長編みを編む。

20
長編みが完成。

くさり編み

21
くさり編みを2目編む。

引き抜き編み

22
❿と同じ目に針を入れ、引き抜き編みをする。

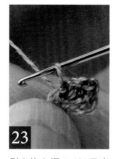

23
引き抜き編みが1目完成し、花びらが1枚、完成。

花びらを編む

24
❶～㉓と同様に編み進め、花びらを合わせて4枚編む。

引き抜き編み

25
1段目最後の引き抜き編みの部分に針を入れ、引き抜き編みをする。糸を引き抜き、花びら部分が完成。

ビーズを取りつける

糸端の始末

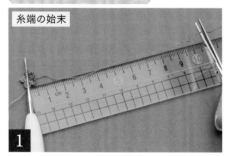

1
糸端10cmを残してカット。

2
編み始めの糸を絞り、2mm残してカットし接着剤をつけ押さえる。

3
編み終わりの糸に針を通し、針をモチーフの裏側から刺し、表に糸を引き抜く。

4
針先からビーズを入れ、再度モチーフの中心に針を刺す。

5
糸を引っ張り、再度裏側から表側に針を刺す。

6
ビーズの中にもう一度糸を通し、表側の中心から裏側へ糸を通す。

7
玉留めをして裏側で固定し、再び裏側に針を通し、糸を引っ張る。

8
糸端を2mm残してカットし、接着剤をつけて始末し、花の完成。

アナベルのピアスを作る

ピアスの
組み立て図

1

花を合わせて6個作る。

シャワー台に取りつける

2

糸を30cmカットし縫い針に通し、糸端を玉結びする。モチーフの裏から縫い針を通し、シャワー台に花を留める。

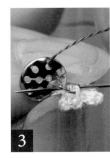

3

2、3回縫い針を表や裏に通し、シャワー台にモチーフをしっかり留める。

4

同様に6個の花を、図を参考に縫い留める。

5

シャワー台の裏側の糸が通っているところに数回針を通し、固定する。

モチーフの固定

6

糸端を2mm残してカットし、接着剤をつけて爪楊枝の頭で押さえる。

7

台座の爪を1つだけ軽く折り、シャワー台を台座につける。

8

すべての爪を折って花を固定する。花びらを整えて完成。もう1つも同様に作る。

アナベルのリングを作る

リングの
組み立て図

1

花を8個作る。

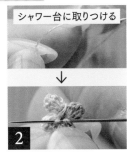

シャワー台に取りつける

2

糸を30cmカットする。糸端を玉結びをする。モチーフの裏から縫い針を通し、シャワー台に留める。

3

同様に図を参考にして、8個の花を留める。

4

シャワー台の裏側の糸が通っているところに数回針を通し、固定する。

5

糸端を2mm残して切り、接着剤をつけて押さえる。

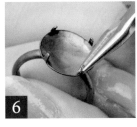

6

リングの爪を1つ外側に開き、モチーフを留める。

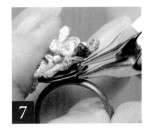

7

爪をしっかり留める。

8

花びらの形を整えて完成。

Chapter 2 作ってみたい！かぎ針編みのアクセサリー

27

ミモザのブローチ

作品の大きさ　全長…8.5㎝

用意するもの

●刺しゅう糸　コスモ8028①（黄系）、
　　　　　　　DMC830②（緑系）
●ワイヤ　＃22、＃26　＃28
●金具　ブローチピン1個、
　　　　ノンホールピアス1組（2個入り）、丸カン2個
●レース用かぎ針10番

縫い針、糸通し、木工用接着剤、
手芸用はさみ、定規、爪楊枝、やっとこ、
ニッパー、硬化液スプレー、ウエットティッシュ

作り方

1 ─ 球形の花穂部分を編み、
　　中身を詰めワイヤに刺す。
2 ─ 花穂を組み立てる。
3 ─ 葉を編む。
4 ─ 花と葉を組み立てる。
5 ─ ブローチを取りつける。

花の編み図

編み終わり
編み始め

花を編む　1段目

糸を分ける

編み始め A

こま編み

1 1本取りで糸を分ける。	**2** 編み始めAで、指に糸をかけてわを作る。	**3** わに針を入れ、こま編みを6目編む。

 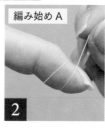 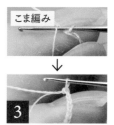

2段目

引き抜き編み

くさり編み

編み入れる

引き抜き編み

3段目

くさり編み

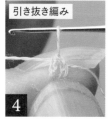 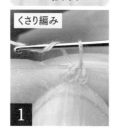  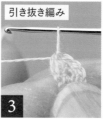 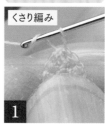

4 1目めのこま編みの頭2本の糸を拾い、針に糸をかけて引き抜き、1段目が完成。

1 糸に針をかけ、くさり編みを1目編む。

2 こま編み2目編み入れるを6目編み、増し目する。編み方＝P.70参照。

3 2段目1目めのこま編みの頭2本の糸を拾い、引き抜き編みし、2段目が完成。

1 糸に針をかけ、くさり編みを1目編む。

4段目

こま編み

引き抜き編み

くさり編み

2目一度

引き抜き編み

  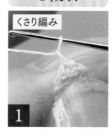 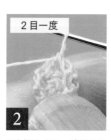 

2 こま編みを12目編む。

3 3段目1目めのこま編みの頭2本の糸を拾い、引き抜き編みし、3段目が完成。

1 針に糸をかけ、くさり編みを1目編む。

2 こま編み2目一度を6目編み、減らし目をする（P.70参照）。

3 4段目1目めのこま編みの頭2本の糸を拾い、引き抜き編みする。花が1つ完成。

花の形を整える

1 糸端を15cm残してカットし、糸を引き抜き、やっとこで編み地を裏返す。

2 形を整える（表地が外側になる）。

3 編み始めの糸を引っ張って中心を絞り、編み地の中に入れる。

糸を詰める

1 糸①を20cmにカットし、編み地の中に詰めて丸くする。

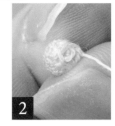

2 編み終わりの糸端を引っ張って絞る。

花穂を作る

1 ワイヤ＃26を4cm2本、＃28を1cm11本にカットし先端に接着剤をつけ、それぞれ花に差し込む。

短い花

2 花の口をつぼめる。縫い針に花の残り糸15cmを通して縫う。

3 花の根元に接着剤をつけ、残り糸を2回巻きつけ接着剤で留める。

4 根元に糸②を5mm巻き、糸を始末する。糸を巻いてない部分のワイヤを少し曲げる。

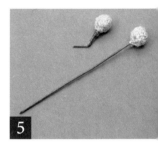

5 ワイヤ1cmの短い花を11本、ワイヤ4cmの長い花を2本作る。

花穂の組み立て

花穂の
組み立て図
すべて5mm
間隔

1 長い花の根元に接着剤をつけ、60cmに切った糸②を5mm巻く。

2 糸を巻いていない部分に接着剤をつけ、短い花をつけ糸を巻く。

3 互い違いに5mm間隔で花穂を留め、巻き終わったら糸を2mm残してカットし、始末する。始末の仕方＝P.22参照。

4 花穂6個と花穂7個を作る。

葉を作る

葉の土台の作り方（P.73参照）

1 — 糸②を1本取りにする。
2 — ワイヤ＃26を3cmに切る。
3 — 編み始めBで開始。
4 — ワイヤと針をわの中に入れる。
5 — 左手でワイヤと糸端を一緒に持ち、くさり編みを1目編む。
6 — ワイヤをくるむこま編みを5目編んだら糸端をカット。
7 — 続けてワイヤをくるむこま編みを11目（合わせて16目）編む。葉の土台完成。

葉の土台の編み図

編み終わり   16 15 14 13 12 11 10 9 8 7 6 5 4 3 2 1   編み始め
ワイヤ   糸端

葉の編み図

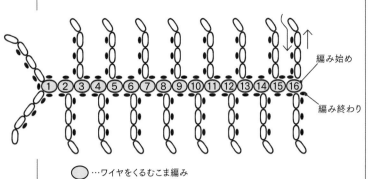

① ② ③ ④ ⑤ ⑥ ⑦ ⑧ ⑨ ⑩ ⑪ ⑫ ⑬ ⑭ ⑮ ⑯

編み始め

編み終わり

◯…ワイヤをくるむこま編み

葉を編み進める

くさり編み  **1** ワイヤを180度回転させ、図の土台16の目からくさり編みを4目編む。	**引き抜き編み**  **2** 編んだくさり編みから1目戻った目に針を入れ引き抜く。

引き抜き編み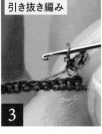

3 1目ずつ戻りながら引き抜き編みを2目編む。

引き抜き編み

4 土台16の目に針を入れ、糸をかけ引き抜き、引き抜き編みを1目編む。

引き抜き編み

5 同様に土台15の目に針を入れ、引き抜き編みを1目編む。

6 図の土台2の目まで **1**〜**5** を繰り返す。

葉の先端

引き抜き編み

1 先端の土台1の目に針を入れ、糸をかけて引き抜き編みする。

くさり編み

2 くさり編みを4目編む。

引き抜き編み

3 同様に1目ずつ戻りながら引き抜き編みを3目繰り返す。

引き抜き編み

4 土台1の目に針を入れ引き抜き編みを1目編み、葉の半分が完成。同様に残り半分を編む。

最後の引き抜き編み

5 最後まで編んだら土台16の目に針を入れ。糸をかけて引き抜き、葉が編み上がる。

ワイヤの処理

6 糸端を2cm残してカットし、引き抜く、ワイヤの先端を1mm曲げ先端に接着剤を塗り、ワイヤを下からゆっくり引っ張る。

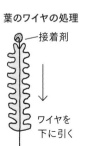

葉のワイヤの処理

接着剤

ワイヤを下に引く

葉の茎の処理

7 引っ張った側のワイヤ5mmに接着剤をつけ糸を巻き、余ったワイヤをカットする。

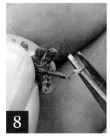

8 糸端を2mm残してカットし、接着剤をつけて指先でなじませる。

葉の整形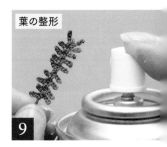

9 硬化液スプレーを吹きつけ、乾いたら形を整え、葉の完成。同様に葉を5枚作る。

花穂と葉の組み立て

1 ワイヤ＃28を8cmにカットし、ワイヤの先端に接着剤をつける。

2 **1**のワイヤの先端に葉を1枚合わせ、さらに接着剤をつけて糸②を90cmにカットして巻く。

3 **2**の葉から5mm離して花穂（6個）を合わせ、接着剤をつけながら糸を巻く。

4 同様に5mm間隔で花と葉をつけて、接着剤をつけながら最後まで糸を巻く。

5 余った糸端は2mmでカットし接着剤をつけ、指先でなじませる。

ブローチピンの取りつけ

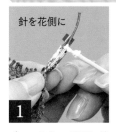

針を花側に

1 ブローチピンの両面に接着剤をつけ、80cmにカットした糸②を巻く。

2 巻き終わりと巻き始めの糸端を2mm残してカットし、接着剤をつけ始末する。

3 全体の形を整える。

組み立て図

ブローチピン

葉　葉
葉
花穂（6個）　葉　葉
花穂（7個）

花と葉はすべて5mm間隔

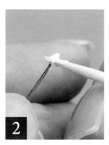

4 硬化液スプレーをまんべんなく吹きつけて完成。

ミモザのノンホールピアス

作り方	1— 花と葉を作る。
	2— 花と葉を組み立てる。
	3— ノンホールピアスを取りつける。

ノンホールピアスの組み立て図

1cm

1.5cm

1cm

左耳用：
花穂（7個）と
葉1枚
ワイヤ＃26
…2cm

右耳用：
花穂（6個）と
葉3枚
ワイヤ＃26…2.5cm

組み立て（右耳用）

1 花穂（6個）と葉3枚を用意する。

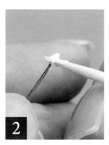

2 2.5cmにカットしたワイヤ＃26の先端に接着剤をつける。

3 **2**のワイヤに50cmにカットした糸②を巻きながら1cm間隔で花穂と葉をつけ、最後まで糸を巻く。

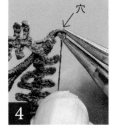

穴

4 糸を巻き終えたワイヤの端をやっとこで丸く曲げ、穴を作る。

穴

5 曲げたワイヤの接合部に接着剤をつけ、糸を巻き、糸端を始末する。

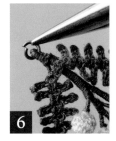

6 穴の部分を90度曲げ、丸カンを入れる。

7 ノンホールピアスを丸カンに取りつけ、右耳用の完成。左耳用も同様に作業する。

マトリカリアのブローチ

作品の大きさ　全長…8㎝　花径…2㎝

用意するもの

● 刺しゅう糸　コスモ8002①
　（白系）、DMC18②（黄系）、
　DMC3347③（緑系）
● ワイヤ　＃22、＃26
● 金具　ブローチピン1個
● レース用かぎ針10番

縫い針、糸通し、木工用接着剤、
手芸用はさみ、定規、爪楊枝、
やっとこ、ニッパー、
硬化液スプレー、ウエットティッシュ

作り方

1― 花びらを編む。
2― 花の中心を編む。
3― がくを編む。
4― 葉を編む。
5― 5枚の葉を組み合わせる。
6― 花びらと花の中心を組み合わせる。
7― 花、葉、がくと茎を組み合わせる。
8― モチーフにブローチピンを取りつける。

花の編み図

編み終わり
編み始め

花を作る　1段目

編み始め A
1
糸①を1本取りにし、編み始めAで編み始める。

こま編み
2
わに針を入れ、こま編みを8目編む。

引き抜き編み
3
1目めのこま編みの頭2本の糸を拾い、引き抜き編みを1目編み、1段目が完成。

2段目

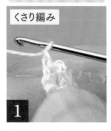

くさり編み
1
糸に針をかけ、くさり編みを1目編む。

編み入れる
2
こま編み2目編み入れるを8目編む。

引き抜き編み
3
2段目1目めのこま編みの頭2本の糸を拾い、引き抜き編みを1目編み、2段目が完成。

3段目、4段目

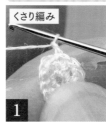

くさり編み
1
針に糸をかけ、くさり編みを1目編む。

こま編み
2
こま編みを16目編む。

5段目

引き抜き編み
3
3段目1目めのこま編みの頭2本の糸を拾い、引き抜き編みをし、3段目が完成。同様に4段目も繰り返す。

くさり編み
1
くさり編みを6目編む。

長編み
2
くさりを1目ずつ戻りながら、長編みを3目編む。

中長編み
3
さらにくさり編みをもう1目戻り、中長編みを1目編む。

引き抜き編み
4
くさり編みをもう1目戻り、引き抜き編みを編み、さらに引き抜き編みを編み、花びら1枚が完成。

糸の始末

5
同様に、編み図に従って5段目（花びら）を編む。

引き抜き編み

1
編み終わったら引き抜き編みし、糸端を2cm残してカットする。

2
編み始めと編み終わりの糸を花の裏で2mm残してカットする。

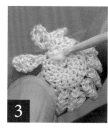

3
カットした糸に、接着剤をつけて始末する。

形を整える

硬化液スプレーをかけ、乾いたら花びらを整える。

花の中心の編み図

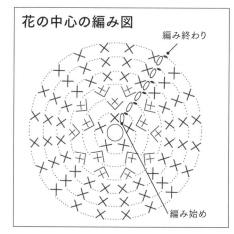

編み終わり

編み始め

花の中心を編む　1段目

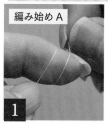

編み始めA

1
糸②を1本取りにし、編み始めAで編み始める。

こま編み
引き抜き編み

2
こま編み5目と引き抜き編み1目をし、1段目が完成。

2段目

くさり編み

1
針に糸をかけ、くさり編みを1目編む。

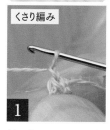

編み入れる

2
こま編み2目編み入れるを5目編む。

3段目

引き抜き編み

3
2段目1目めのこま編みの頭2本の糸を拾い、引き抜き編みを1目編み、2段目が完成。

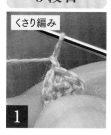

くさり編み

1
針に糸をかけ、くさり編みを1目編む。

編み入れる

2
こま編み2目編み入れるを10目編む。

引き抜き編み

3
3段目1目めのこま編みの頭2本の糸を拾い、引き抜き編み1目を編み、3段目が完成。

4段目〜6段目

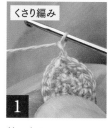

くさり編み

1
針に糸をかけ、くさり編みを1目編む。

こま編み

2
こま編みを20目編む。

引き抜き編み

3
4段目1目めのこま編みの頭2本の糸を拾い、引き抜き編みを編み、4段目完成。5段目と6段目も編む。

糸の始末

1
編み終わりの糸端は15cmでカットし引き抜く。中心の糸を絞り、針を表地の中心から外側に出す。

2
中心の糸を引っかけ、内側に引き抜く（裏地を表側に使用する）。

花の中心の仕上げ

中身を詰める

1

20cmにカットした6本取りの糸②に接着剤をつけ丸める。

2

編み始めの糸（短いほうの糸）を入れ込み接着剤をつける。

3

編んだ花の中心に接着剤をつけ、**1**で丸めた糸を入れる。

4

やっとこなどで形を整え、花の中心の完成。

がくの編み図

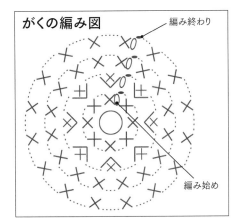

編み終わり

編み始め

がくを編む　1段目

編み始めA

1

糸③を1本取りにし、編み始めAで編み始める。

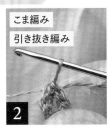

こま編み　**引き抜き編み**

2

こま編みを8目、引き抜き編みを1目編み、1段目が完成。

2段目

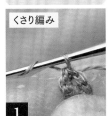

くさり編み

1

針に糸をかけ、くさり編みを1目編む。

編み入れる

2

こま編み2目編み入れるを8目編む。

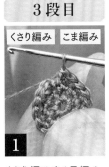

引き抜き編み

3

2段目1目めのこま編みの頭2本の糸を拾い、引き抜き編みをし、2段目が完成。

3段目

くさり編み　**こま編み**

1

くさり編みを1目編み、こま編みを16目編む。

引き抜き編み

2

3段目1目めのこま編みの頭2本の糸を拾い、引き抜き編みし、3段目が完成。

4段目

くさり編み　**こま編み**　**引き抜き編み**

くさり編みを1目、こま編みを16目、引き抜き編みを1目編み、4段目が完成。

糸の始末

1

編み終わりの糸は90cmにカットし、引き抜く。針を中心に入れ、糸を表地側にもってくる。

2

編み始めの糸は中心を絞り、1cmにカットする。

茎にがくをつける

1

ワイヤ#22を8cmにカットし、先端を3mm曲げる。

編み始めの糸

編み終わりの糸

↓

2

がくをワイヤに通し、ワイヤの先端に接着剤をつけ糸端1cmを巻き、曲げたワイヤをがくに貼りつける。

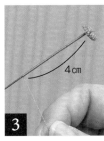

4cm

3

ワイヤの茎部分に接着剤をつけ、90cmの糸端を4cmまで巻きつける。

葉を作る

葉の土台の作り方

1 ― 糸③を1本取りにする。ワイヤ＃26を3cmに切る。
2 ― 編み始めBでわを作り、わにワイヤと針を入れる。
3 ― 左手でワイヤと糸端を一緒に持ち、くさり編みを1目編む。
4 ― ワイヤをくるむこま編みを5目編み、糸端をカットする。
5 ― 続けてワイヤをくるむこま編みを3目編み、葉の土台の完成。

葉の土台の編み図

編み終わり
8　7　6　5　4　3　2　1
ワイヤ
編み始め
糸端

葉を編み進める

葉の編み図

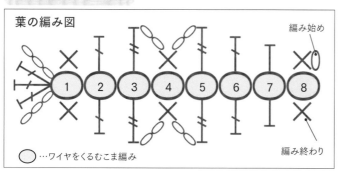

編み始め
1　2　3　4　5　6　7　8
編み終わり

◯ …ワイヤをくるむこま編み

葉を編む　1段目

ワイヤの持ち替え

1 土台の編み終わりが次の編み始めになるように、ワイヤを180度回転させる。

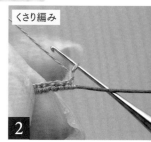

くさり編み

2 針に糸をかけ、くさり編みを1目編む。

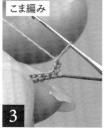

こま編み

3 土台8の目に針を入れ、こま編みを1目編む。

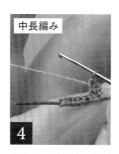

中長編み

4 土台7の目を拾いながら、中長編みを1目編む。

長編み

5 土台6の目を拾いながら、長編みを1目編む。

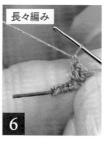

長々編み

6 土台5の目を拾いながら、長々編みを1目編む。

くさり編み

7 くさり編みを2目編む。

葉先を編む

こま編み

8 土台4の目に針を入れ、こま編みを1目編む。同様に編み進める。

くさり編み

1 葉の先端部分を作る。くさり編みを3目編む。

編み入れる

2 それぞれ土台1の目を拾いながら、長編みを3目編み入れる。

くさり編み

3 再度くさり編みを3目編む。同様に残り半分を編む。

糸の始末

糸端2cmでカットし、糸を引き抜く。葉の編み上がり。

ワイヤの始末

1 葉の先端のワイヤを1mm
曲げ、接着剤をつけ、ワイ
ヤを下に引き、編み地
の中に隠す。

2 引っ張った側のワイヤの
根元に接着剤をつけ、糸
を5回巻きカットする。

残りの葉を作る

本体になる葉1個と、糸のない部分のワイヤ
をカットした葉4個を作る。

葉の組み立て

1 本体となる葉に接着剤を
つけ、短い葉を左右につ
け接着剤をつける。

花の部分を作る

2 20cmにカットした糸
③を、接着剤をつけ
ながら巻き留めてい
く。

3 1cm下に残り2枚の
葉を留め、最後まで
糸を巻き、糸端
を始末。

1 15cmの糸端で花の中心
パーツの縁を針ですくいな
がら、花びらと一緒にか
がる。

2 花の中心パーツを花びら
に縫い留める。

糸を2mm残してカットし、
接着剤をつけて始末する。

パーツの組み立て

1 花、葉、がくつきの茎をそろえる。

2 がくの部分に接着剤をつ
け、花を固定する。

3 すでに4cm糸を巻いた花
茎に接着剤をつけ、茎を
少し曲げた葉をつけて糸
を巻く。

4 接着剤をつけながら糸を
最後まで巻きつけ、余っ
た糸は始末する。

金具の取りつけ

1 茎と金具の両面に接着剤をつける。葉の
根元にブローチピンの上部を合わせる。

2 端から糸を巻く。

針は下に

3 すき間なく巻いたら両端の糸を始末する。

チョコレートコスモスのブローチ

作品の大きさ　全長…8.5cm　花径…2cm

用意するもの

- ●刺しゅう糸　DMC115①（赤系）、コスモ686②（緑系）
- ●ワイヤ　＃22、＃26
- ●金具・材料　ブローチピン1個、
　素玉ペップ白（極小）…10本
- ●レース用かぎ針10番

木工用接着剤、手芸用はさみ、定規、爪楊枝、やっとこ、ニッパー、油性サインペン黒（細字）、硬化液スプレー、ウエットティッシュ

作り方

1 ― 花びらを編む。
2 ― 花芯を作り、花びらと合体させる。
3 ― がくになる部分を編み、茎に固定する。
4 ― 葉を編む。
5 ― 花、がくと茎、葉を組み立てる。
6 ― ブローチピンを取りつけて硬化液スプレーをかける。

花の編み図

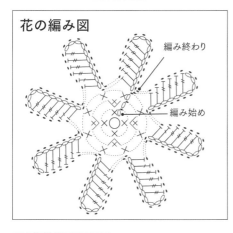

花を作る　1段目

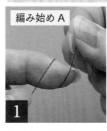  

1 糸①を1本取りにして、編み始めAで編み始める。

2 わに針を入れ、こま編みを4目編む。

3 1目めのこま編みの頭2本の糸を拾い、引き抜き編みを1目編み、1段目が完成。

2段目

1 針に糸をかけ、くさり編み1目を編む。

2 こま編み2目編み入れるを4目編む。

3 2段目1目めのこま編みの頭2本の糸を拾い、引き抜き編みを1目編み、2段目がが完成。

3段目

1 くさり編み1目、こま編みを8目、引き抜き編み1目を編み、3段目が完成。

4段目

1 針に糸をかけ、くさり編みを10目編む。

5段目（花びらの縁）

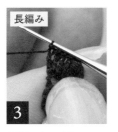 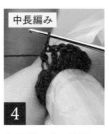  

2 長々編みを4目編む。

3 長編みを1目編む。

4 中長編みを1目編み、花びらが1枚できる。

5 同様に花びらを合わせて8枚編み、4段目が完成。

1 花びらの縁の目を拾いながら、引き抜き編みをする。

糸端の処理 ## 花芯を作る

2

同様に、すべての花びらの縁を引き抜き編みにする。

編み始めと編み終わりの糸を花の裏側で2mmにカットし、中心の穴をふさがない位置に接着剤で留める。

1

10本の素玉ペップ白（極小）の玉の部分を上下とも油性サインペンで黒く塗る。

2

1を半分に折り、それぞれ長さ1cmに切り、花の中心に1本ずつバランスを見ながら差し込む。

3

指先で芯を中心に寄せ、裏側に接着剤をつけ、固まったら余分をカット。

がくの編み図 ## がくを作る 1段目 ## 2段目

編み終わり
編み始め

編み始め A

1

糸②を1本取りにし、編み始めAから編み始める。

こま編み
引き抜き編み

2

こま編みを8目、引き抜き編みを1目編み、1段目が完成。

くさり編み

1

針を糸にかけ、くさり編みを1目編む。

3段目 ## 4段目

編み入れる

2

こま編み2目編み入れるを8目編む。

引き抜き編み

3

2段目1目めのこま編みの頭2本の糸を拾い、引き抜き編み1目を編み、2段目完成。

くさり編み | こま編み
引き抜き編み

くさり編み1目、こま編み16目、引き抜き編み1目を編み、3段目完成。

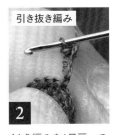

くさり編み

1

くさり編みを5目編む。

引き抜き編み

2

くさり編みを1目戻って、引き抜き編みを1目編む。

糸の始末

こま編み

3

くさり編みを1目戻って、こま編みを1目編む。

中長編み

4

くさり編みを1目ずつ戻って、続けて中長編みを2目編む。同様に7枚編む。

引き抜き編み

5

最後に引き抜き編みをして、がくの編み終わり。

1

糸端90cmにカットし、がくの表側の中心から針を入れ、糸を反対側に引き抜く。

2

編み始めの糸を引っ張り、中心を絞り1cm残してカットする。

がくを茎につける

1 ワイヤ＃22を8cmにカットし先端3mmを折り曲げがくの中心に通す。

2 ワイヤの先端に接着剤をつけ、1cmにカットした編み始めの糸を巻く。

3 **2**に再度接着剤をつけ、ワイヤを下に引っ張り、曲げた部分をがくに固定する。

4 茎の部分にがくから4cmほど接着剤をつけ、残りの糸端を巻きつける。

接着剤

ワイヤを下に引く

編み始めの糸を巻く

葉を作る

葉の土台の作り方

1 — 糸②を1本取りにする。ワイヤ＃22を8cmに切る。
2 — 編み始めBでわを作り、わにワイヤと針を入れる。
3 — 左手でワイヤと糸端を一緒に持ち、くさり編みを1目編む。
4 — ワイヤをくるむこま編みを5目編み、糸端をカットする。
5 — 続けてワイヤをくるむこま編みを15目編み、葉の土台の完成。

葉の土台の編み図

編み終わり

20 19 18 17 16 15 14 13 12 11 10 9 8 7 6 5 4 3 2 1

編み始め

ワイヤ

糸端

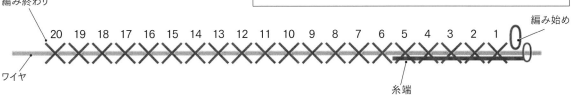

葉を編み進める

葉の編み図

編み始め

① ② ③ ④ ⑤ ⑥ ⑦ ⑧ ⑨ ⑩ ⑪ ⑫ ⑬ ⑭ ⑮ ⑯ ⑰ ⑱ ⑲ ⑳

編み終わり

◯…ワイヤをくるむこま編み

葉を編む

くさり編み

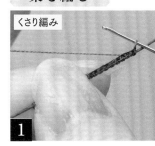

1 土台のワイヤを180度回転させ、編み終わりからくさり編み1目を編む。

こま編み

2 土台20の目に針を入れ、こま編みを1目編み、同様にこま編みを7目編む。

中長編み

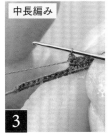

3 土台12の目を拾いながら、中長編みを編む。

長編み

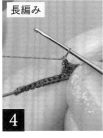

4 土台11〜10の目を拾いながら、長編みを2目編む。

長々編み

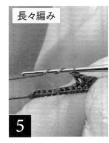

5 土台9〜8の目を拾いながら、長々編みを2目編む。

三つ巻き長編み

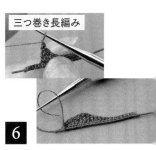

6 土台7の目を拾いながら、三つ巻き長編みを1目編む。残りも同様に編み、葉の半分が完成。

葉の先端

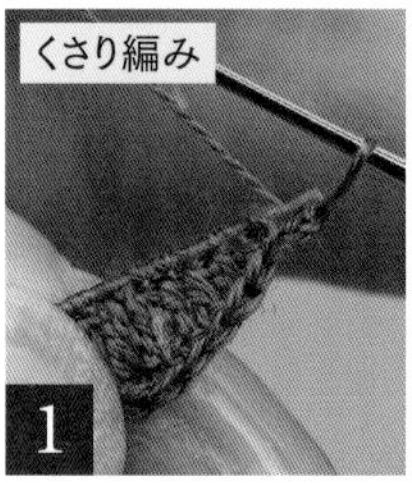

葉の先端にくさり編み2目編む。

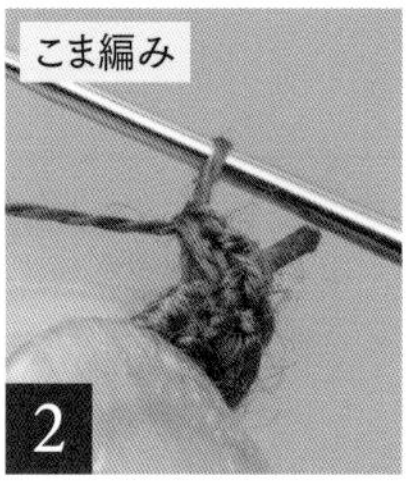

土台1の目に針を入れ、こま編みを1目編む。

糸の処理

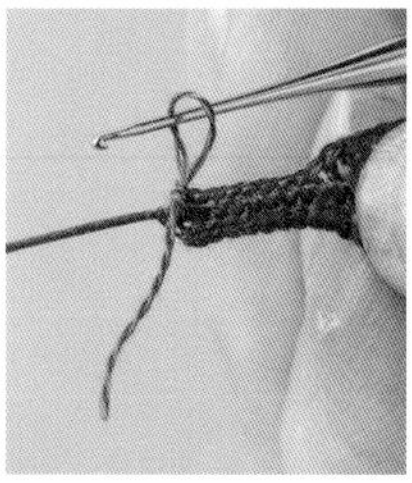

糸端を2cm残してカットし、糸を引き抜く。

ワイヤの処理

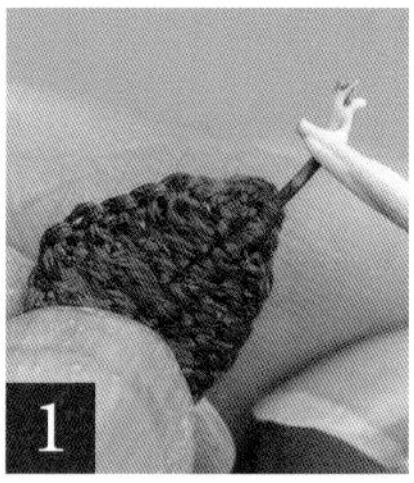

ワイヤの先端を1mm曲げ、接着剤を塗る。

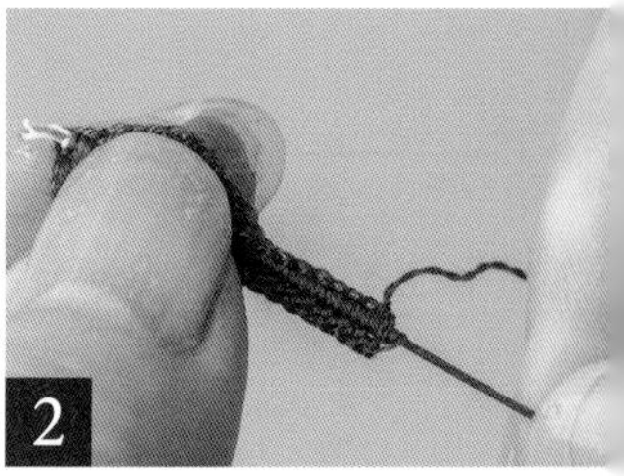

ワイヤを下に引き、先端を編み地の中に隠す。

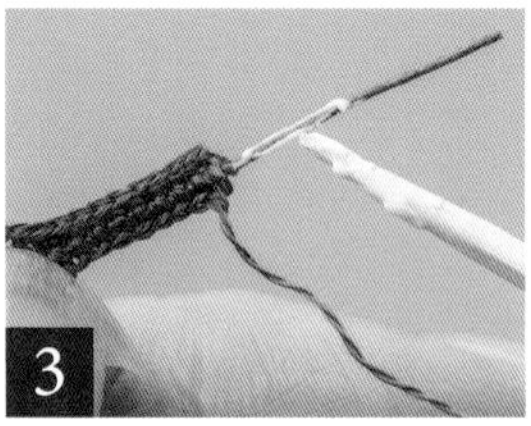

引っぱった側のワイヤの半分まで接着剤をつける。

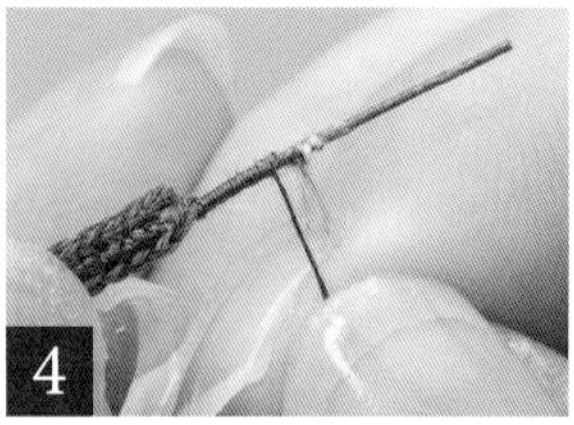

糸端2cmをワイヤに巻き、余分をカットし接着剤をつけ、始末する。

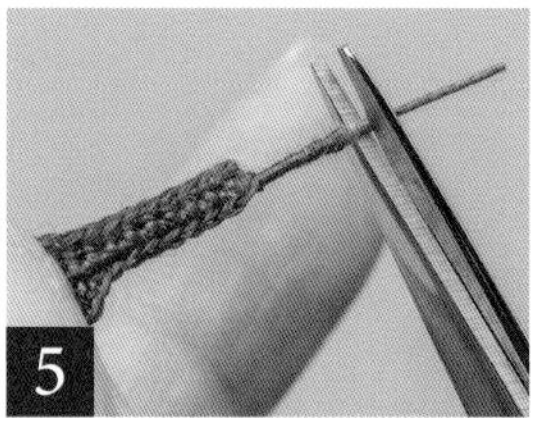

余ったワイヤをカットする。

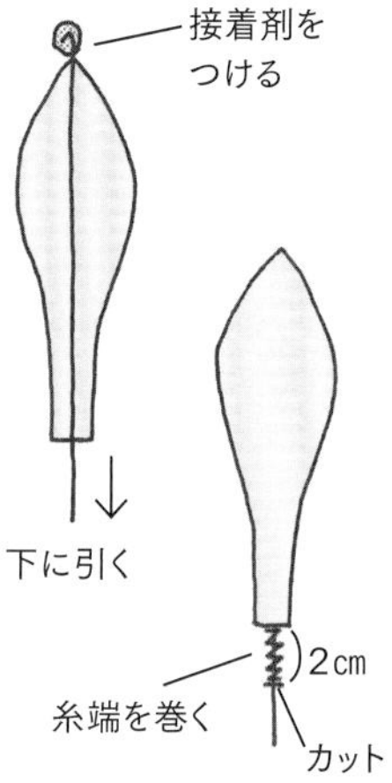

パーツの組み立て

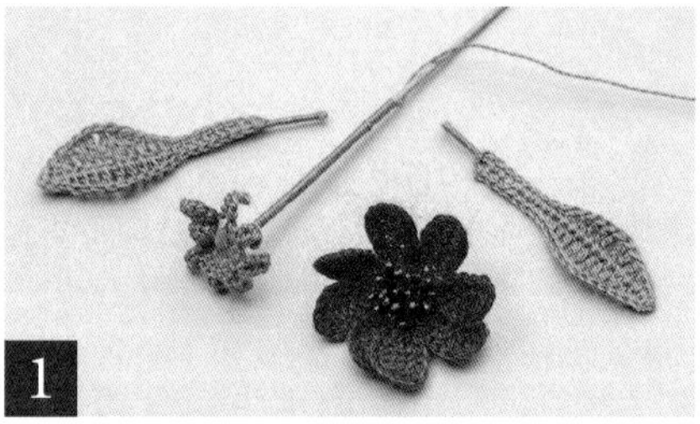

花、葉、がくつきの茎を用意する。

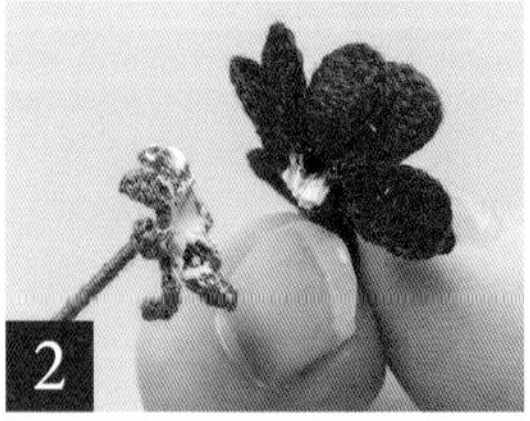

がくに接着剤をつけ、花を取りつける。

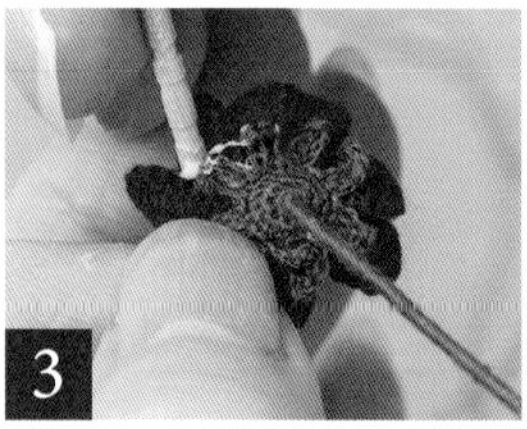

花びらの後ろ側にも接着剤をつけ、しっかり固定する。

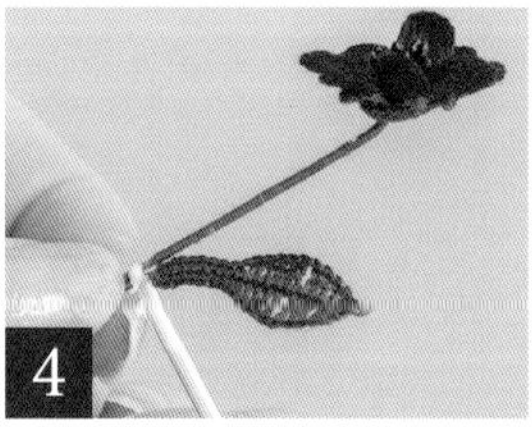

すでに4cm糸を巻いた花茎に接着剤をつけ、茎を少し曲げた葉をつけ糸で巻く。

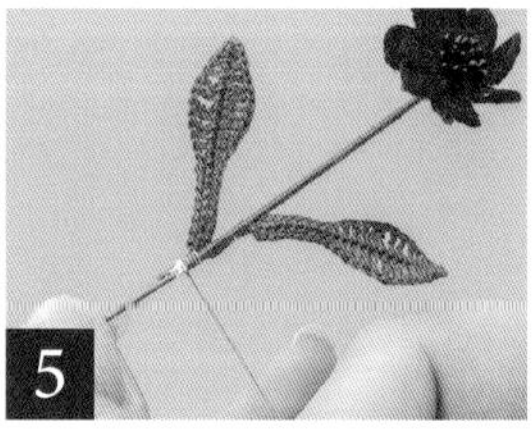

葉から1cm離れたところに接着剤をつけ、反対側に葉をつけ、最後まで糸を巻き、始末する。

金具の取りつけ

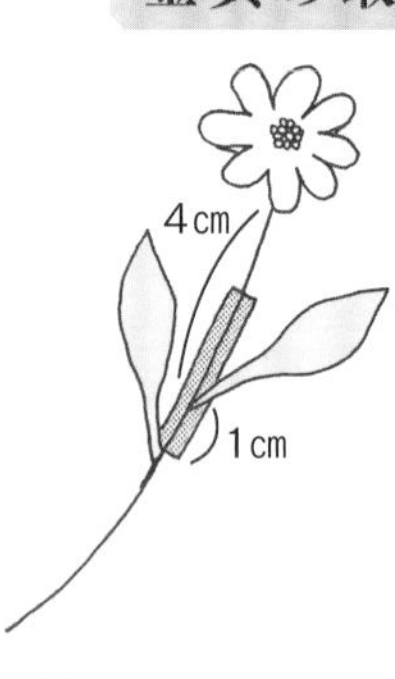

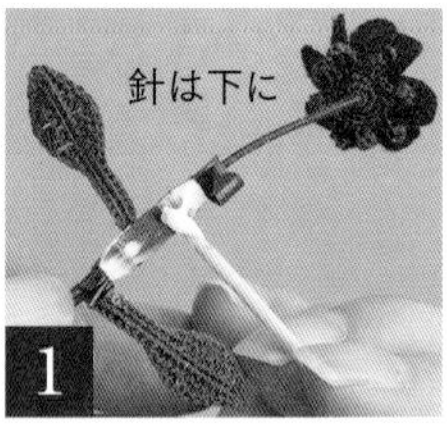

両面に接着剤をつけたブローチピンを、下の葉に合わせ接着剤をつけた花茎につける。

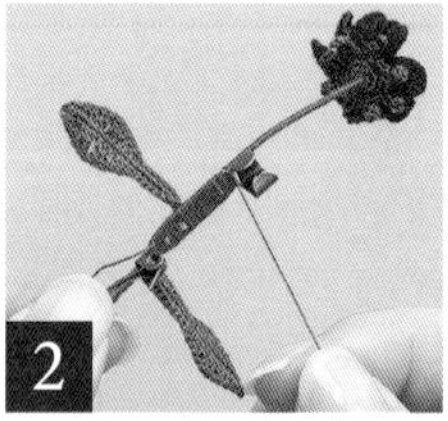

2枚の葉を広げ、ブローチピンと花茎を糸で巻く。

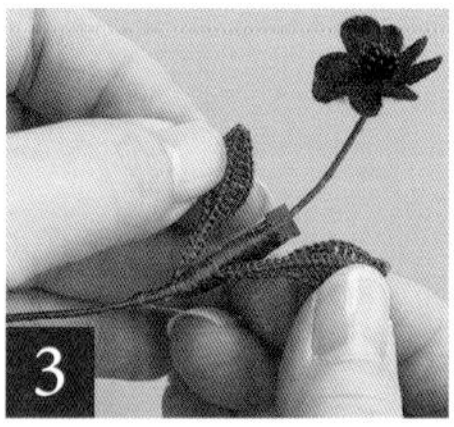

両端の糸端を始末し、形を整える。

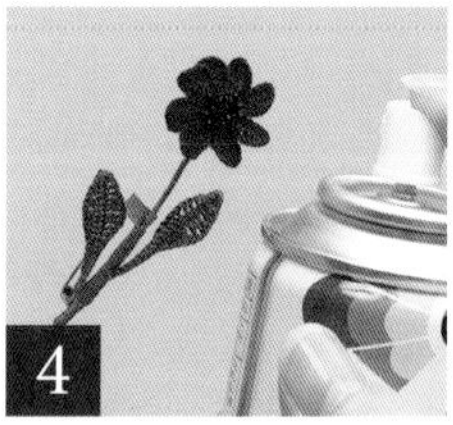

硬化液スプレーをかけて完成。

ネックレス

ブローチ

ヘクソカズラの実のネックレス

作品の大きさ　ネックレス（トップ部分）…5cm　ブローチ…8cm

用意するもの

- ●刺しゅう糸　コスモ8044①（実…朱色部分）、②（つる…茶色部分）、DMC4140③（茶系）
- ●ワイヤ　#28
- ●金具・材料　ブローチピン1個、ウッドパーツ46mm、丸革ひも（1.2mm）90cm
- ●レース用かぎ針10番

縫い針、糸通し、木工用接着剤、手芸用はさみ、定規、爪楊枝、やっとこ、ニッパー、硬化液スプレー、ウエットティッシュ

作り方

1― 実を編み編み地を裏返し、糸を詰め、ワイヤを挿す。
2― 葉を編み、つるを作る。
3― 実、葉、つるを組み立てる。
4― パーツに3を巻きつけ、ひもを通す。硬化液スプレーをかける。

※ブローチ…3にブローチピンをつける。

花の編み図

編み終わり
編み始め

実を作る　1段目

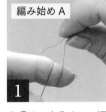

編み始めA

1
糸①を1本取りして編み始めAで編み始める。

こま編み
引き抜き編み

2
こま編みを5目、引き抜き編みを1目編み、1段目が完成。

2段目

くさり編み
編み入れる

1
くさり編みを1目、こま編み2目編み入れるを5目編む。

引き抜き編み

2
引き抜き編みを1目編み、2段目が完成。

3段目

くさり編み　こま編み
引き抜き編み

1
くさり編みを1目、こま編みを10目、引き抜き編みを1目編み、3段目が完成。

4段目

くさり編み　2目一度
引き抜き編み

1
くさり編みを1目、こま編み2目一度を5目、引き抜き編み1目を編み、4段目が完成。

糸端の処理

1
糸端15cmでカットし、糸を引き抜く。編み地を裏返し、編み始めの糸端は、中心を絞り中に詰める。

実にワイヤをつける

2
糸①を15cmにカットし丸めたものを、編み地の中に詰め、編み終わりの糸を引っ張り絞る。

縫い針

1
ワイヤを8mmにカットし接着剤をつけ実に刺し、縫い針に実の残り糸15cmを通し、刺して縫う。

2
接着剤をつけ、糸端を3回根元に巻き始末する。

3
実の根元に、5cmにカットした糸②を接着剤をつけながら巻いていく。

4
ワイヤが少し残る位置まで糸を巻きカットし、接着剤をつけ始末する。同様に実を15個作る。

葉を作る

葉の土台の作り方

1— 糸③を1本取りにし、ワイヤ#28を3cmに切る。
2— 編み始めBでわを作り、わにワイヤと針を入れる。
3— 左手でワイヤと糸端を一緒に持ち、くさり編みを1目編む。
4— ワイヤをくるむこま編みを5目編み、糸端をカットする。
5— 続けてワイヤをくるむこま編みを5目編み、葉の土台の完成。

葉の土台の編み図

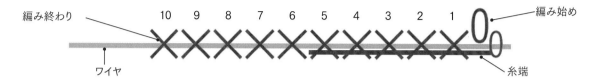

編み終わり　10　9　8　7　6　5　4　3　2　1　編み始め
ワイヤ　　　　　　　　　　　　　　　　　　　　　　糸端

葉を編み進める

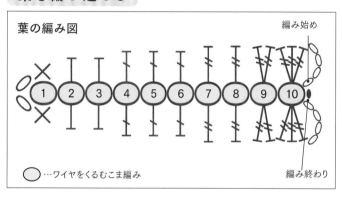

葉の編み図

編み始め
編み終わり

◯…ワイヤをくるむこま編み

葉を編む

くさり編み

1　ワイヤを180度回転させ、くさり編みを4目編む。

編み入れる

2　土台10の目を拾いながら、長々編み3目編み入れる。

編み入れる

3　土台9の目を拾いながら、長々編み2目編み入れる。

長々編み

4　土台8の目を拾いながら、長々編みを編む。土台7の目を拾い同様に編む。

長編み

5　土台6の目を拾いながら、長編みを編む。土台5と4の目を拾いながら同様に編む。

中長編み

6　土台3の目を拾いながら、中長編み1目を編む。土台2の目を拾い同様に編む。

こま編み

7　土台1の目に針を入れ、こま編み1目を編み、葉が半分完成。

葉の先端

くさり編み

1　編み地の上下逆にして、くさり編みを2目編む。

こま編み

2　土台1の目に針を刺してこま編みを1目編み、以下残り半分を編む。

葉の編み終わり

くさり編み
引き抜き編み

最後に、くさり編みを4目、引き抜き編みを1目編む。

糸端とワイヤの始末

1　糸端2cmでカットし、糸を引き抜く。

2　葉の先端のワイヤを1mm曲げ、接着剤をつけ下に引っ張り、編み地の中に隠す。

3

葉の根元に接着剤をつけ、葉の根元から糸を5mm巻く。

4

糸をカットし、糸を巻いた少し下でワイヤもカットする。

5

葉が1枚完成。同様に葉を2枚作る。

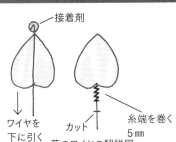

接着剤

ワイヤを下に引く　カット　糸端を巻く　5mm

葉のワイヤの解説図

組み立て図

ワイヤ#28（25cm）

⑬ ⑪ ⑩ ⑧　⑦　⑥⑤　④ ③
⑮　　　　　　　　　　　　　②①
⑭ ⑫　⑨

1cm 2cm 1cm 2cm 2cm　6cm　6cm　1cm 1.5cm 1cm

つるを作る

ワイヤの始末

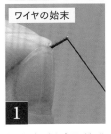

1

6cmにカットしたワイヤ#28に接着剤を塗りながら糸②を巻く。

2

巻き終わったら両端の糸2mm残してカットし、糸端に接着剤をつけて始末する。

組み立て

ワイヤをつるの形にする

3

糸を巻いたワイヤを、かぎ針などの先に絡めて形を作る。

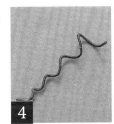

4

ワイヤがつるのようになる。3本作る。

ワイヤに実をつける

1

25cmのワイヤ#28に実をつけ、接着剤をつけながら、80cmにカットした糸②を巻いていく。

2

図を参考に、実、葉、つるを、接着剤をつけながら、糸を巻き固定する。

3

巻き終わったら、ネックレスはそのままの形で硬化液スプレーをかける。ブローチは、ワイヤを「の」の字を描くように形作る。図の⑦が中心。

ネックレスを作る

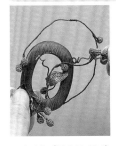

ヘクソカズラのワイヤをウッドパーツにバランスよく絡め、3本のつるを実に引っかけ固定する。

90cmの丸革ひもをつけ、ネックレスの完成。

ヘクソカズラの実のブローチ

ブローチピンの取りつけ

1

ブローチピンの両面に接着剤を塗り、つるに取りつける。

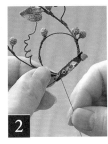

2

80cmにカットした糸②をブローチピンに巻く。

3

巻き終わったら両端の糸を始末し、硬化液スプレーをかけて完成。

コデマリのブローチ

作品の大きさ　全長…8㎝　花径（小花）…0.7㎝

用意するもの

- ●刺しゅう糸　コスモ8002①（白系）、DMC973②（黄系）、DMC937③（緑系）
- ●ワイヤ　＃22、＃26 ＃28
- ●金具　ブローチピン1個
- ●レース用かぎ針10番

木工用接着剤、手芸用はさみ、定規、爪楊枝、やっとこ、ニッパー、硬化液スプレー、ウエットティッシュ

作り方

1 ― 花びらを編む。

2 ― 花芯を作り、花びらと合体させ小花を作る。

3 ― 小花を組み合わせて手毬のような形にする。

4 ― 葉を編む。

5 ― 花と葉を組み立てる。

6 ― ブローチピンを取りつける

花の編み図

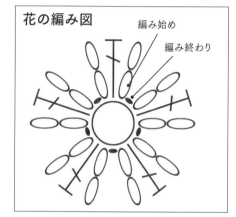

編み始め
編み終わり

花を作る　1段目

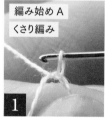

編み始めA
くさり編み

1 糸①を1本取りにし、編み始めAで編み始める。最初のくさり編みを1目と数える。

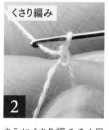

くさり編み

2 さらにくさり編みを1目編む。

長編み

3 長編みを1目編む。

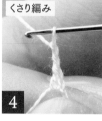

くさり編み

4 くさり編みを2目編む。

引き抜き編み

5 引き抜き編みを1目編み、花びらが1枚完成。

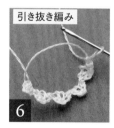

引き抜き編み

6 同様に花びらを5枚編み、最後に引き抜き編みをする。

糸の始末

1 編み始めの糸を引っぱり、花の形にして、編み終わりの糸を2㎝にカットする。

2 糸端を引き抜き、両端の糸を花の裏側で一緒に2㎜残してカットする。

花芯を作る

3 カットした糸に接着剤をつけ、裏側中心の穴の脇に留める。同様に小花を13個作る。

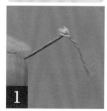

1 ワイヤ＃28を、1㎝を11本、1.5㎝を2本にカットし、先端に接着剤をつけ、1㎝にカットした糸②を巻く。

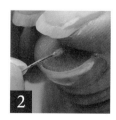

2 巻きつけた糸に少し接着剤をつけ、指先で形を整える。

花芯の仕上げ

1 花びらの中心に花芯を刺し、花芯の根元に接着剤をつけ花びらを留める。

2 花芯に5㎝にカットした糸③を接着剤をつけながらワイヤの半分まで巻き、糸をカット。

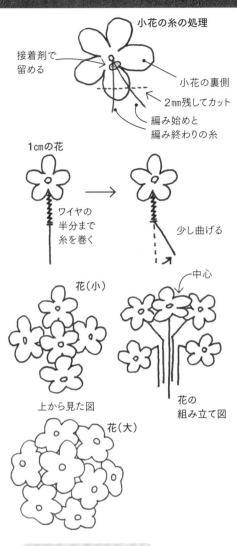

小花の糸の処理

接着剤で留める

小花の裏側

2mm残してカット

編み始めと編み終わりの糸

1cmの花

ワイヤの半分まで糸を巻く

少し曲げる

花（小）

中心

上から見た図

花の組み立て図

花（大）

花の組み立て

1 中心になる小花を除き、小花の糸を巻いていない部分のワイヤを曲げる。

2 中心になる小花のワイヤ部分に接着剤をつける。

3 糸③を30cmにカットし、小花を組み合わせながら接着剤をつけた部分に巻く。

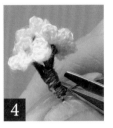

4 さらに小花を組み合わせながら糸を巻き、巻き終わったらカットし始末する。

5 花の形を整える。

6 写真上：小花を5個組んだ（小）
写真下：小花を8個組んだ（大）

葉の土台の作り方

1— 糸③を1本取りにする。
2— ワイヤ#26を3cmにカットする。
3— 編み始めBで開始する。
4— ワイヤと針をわの中に入れる。
5— 左手でワイヤと糸端を一緒に持ち、くさり編みを1目編む。
6— ワイヤをくるむこま編みを5目編み、糸端をカットする。
7— 続けてワイヤをくるむこま編みを10目編み、葉の土台の完成。

葉の土台を作る

葉の土台の編み図

ワイヤ

15 14 13 12 11 10 9 8 7 6 5 4 3 2 1

編み始め

糸端

編み終わり

葉を編み進める

⬭ …ワイヤをくるむこま編み

葉の編み図

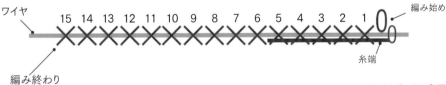

編み始め

編み終わり

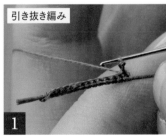

引き抜き編み

1 ワイヤを180度回転させ、土台15、14の順に目を拾いながら、引き抜き編みを2目編む。

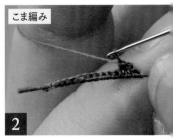

こま編み

2 土台13、12の順に目を拾いながら、こま編みを2目編む。

中長編み

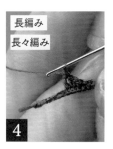

3

土台11の目を拾いなが
ら、中長編みを1目編む。

長編み
長々編み

4

土台10の目に長編み、
土台9の目に長々編みを
1目編む。

くさり編み

5

くさり編みを1目編む。

引き抜き編み

6

くさり編みの根元の目に
針を入れて引き抜き編
みを1目編み、土台1ま
で編み進める。

くさり編み

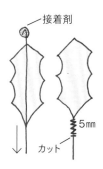

くさり編みを2目編み、
残り半分を編み進める。

葉の仕上げ

最後まで編んだら糸端
を2cm残してカットし、
糸を引き抜く。

ワイヤの始末

1

ワイヤの先端を1mm曲
げ、接着剤をつけワイ
ヤを下に引き、編み地
の中に隠す。

2

葉の根元に接着剤をつ
け、編み終わりの糸を
5mm巻き、カットする。

3

余分なワイヤをカットす
る。同様に葉を5枚作
る。

接着剤

5mm

カット

パーツの組み立て

パーツの組み立て図

ブローチピン

5mm

花(大) **4** **5** 5mm

5mm **2**

1cm **3** 1cm

1 花(小)

1

糸③を80cmカット、ワイ
ヤ#22を8cmに切り、
先端に接着剤をつけ
る。

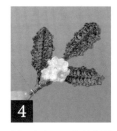

2

ワイヤに接着剤をつけ
葉を合わせ、接着剤を
つけながら糸を巻く。

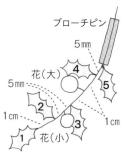

3

残りの葉はワイヤを少し
曲げる。

4

図に合わせて作品を組
み立てていく。

ブローチピンをつける

5

最後まで巻き終わったら糸を
始末し指先でなじませ、形を
整える。

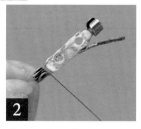

1

茎とブローチピンの表裏に接
着剤をつける。

2

ブローチピンは針が下になるよ
うに、端から糸を巻き、取りつ
け固定する。

3

巻き終わったら両端の糸を始
末する。

ドクダミのブローチ

作品の大きさ　　全長…8cm　花径…2cm

用意するもの

●刺しゅう糸　コスモ8002①（白系）、
　コスモ8018②（薄緑系）、DMC936③（濃緑系）
●ワイヤ　#22、#26
●金具　ブローチピン1個
●レース用かぎ針10番

木工用接着剤、手芸用はさみ、定規、
爪楊枝、やっとこ、ニッパー、
硬化液スプレー、ウエットティッシュ

作り方

1— 花びらを編む。
2— 花芯を編む。
3— 花芯にワイヤを刺し、
　　下から花びらを刺し通す。
4— 葉を編む。
5— 花茎と葉を組み立てる。
6— ブローチピンをつけ、
　　硬化液スプレーをかける。

花の編み図

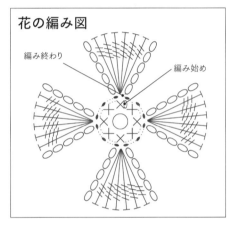

編み終わり　編み始め

花びらを編む　1段目

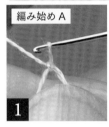

編み始めA
糸①を1本取りし、編み始めAで編み始める。

こま編み　引き抜き編み
こま編みを8目、引き抜き編みを1目編み、1段目完成。

2段目

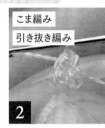

くさり編み
くさり編みを5目編む。

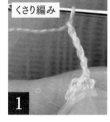

三つ巻き長編み
2　三つ巻き長編みを1目編む。

四つ巻き長編み
3　四つ巻き長編みを4目編む。

三つ巻き長編み
4　三つ巻き長編みを1目編む。

くさり編み
5　くさり編みを5目編む。

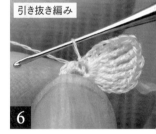

引き抜き編み
6　引き抜き編みを2目編み、花びら1枚が完成。同様に残り3枚編む。

糸の始末

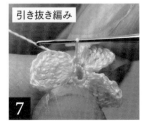

引き抜き編み
7　最後に引き抜き編みを1目編み、4枚目の花びら完成。

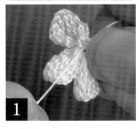

1　糸端を2cm残してカットし、編み始めの糸は引っ張り、中心を絞る。

2　編み始めと編み終わりの糸を2mm残してカットし、接着剤をつけ始末する。

3　硬化液スプレーをかけ、乾いたら形を整える。

花の芯の編み図

編み終わり

編み始め

花芯を作る　1段目

編み始め A

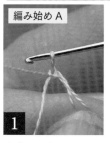

1

糸②を1本取りにし、編み始めAで編み始める。

こま編み

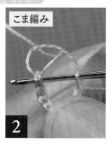

2

こま編みを10目編む。

引き抜き編み

3

引き抜き編みを1目編み、1段目が完成。

2段目

くさり編み

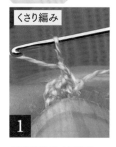

1

くさり編みを1目編む。

こま編み

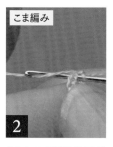

2

さらにこま編みを10目編む。

引き抜き編み

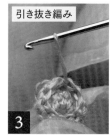

3

引き抜き編みを編み、2段目が完成。

3段目〜8段目

編み地の反転

1

編み地をひっくり返し（表地が外側になる）、3段目〜8段目まで同様に編み進める。

引き抜き編み

2

引き抜き編みを1目編み、花芯の完成。

糸の始末

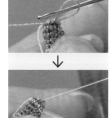

糸端を2cm残してカットし、糸を引き抜く。編み始めの糸は、引っ張って中心を絞り、中に詰める。

花芯に糸を詰める

1

2cmに残した編み終わりの糸も花芯の中に詰める。

2

10cmにカットした糸②（6本取り）を丸めて花芯の中に入れる。

花の組み立て

3

花芯先端の完成。

1

ワイヤ♯22を8cmにカットし先端に接着剤をつけ、花芯に刺す。

2

花びらをワイヤに通し、花芯の根元に接着剤をつける。

3

花びらと花芯を合わせ、形を整える。

葉の土台を作る

葉の土台の作り方

1 ― 糸③を1本取りにする。
2 ― ワイヤ＃26を3cmにカットする。
3 ― 編み始めBで開始する。
4 ― ワイヤと針をわの中に入れる。
5 ― 左手でワイヤと糸端を一緒に持ち、くさり編みを1目編む。
6 ― ワイヤをくるむこま編みを5目編んだら糸端をカットする。
7 ― 続けてワイヤをくるむこま編みを8目編み、
　　　葉の土台の完成。

葉の土台の編み図

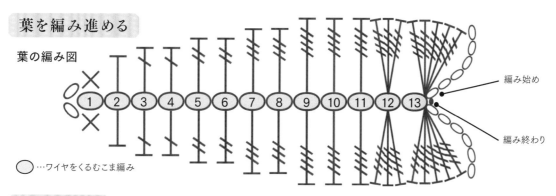

葉を編み進める

葉の編み図

◯…ワイヤをくるむこま編み

葉を編む

くさり編み

1 ワイヤを180度回転させ、くさり編み6目を編む。

編み入れる

2 土台13の目を拾いながら、四つ巻き長編み5目編み入れるを1目編む。

編み入れる

3 土台12の目を拾いながら、四つ巻き長編み3目編み入れるを1目編む。

四つ巻き長編み

4 土台11〜9の目の順に拾いながら、四つ巻き長編みを3目編む。

三つ巻き長編み

5 土台8〜7の目の順に拾いながら、三つ巻き長編みを2目編む。

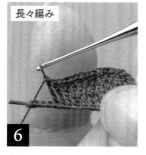

長々編み

6 土台6〜5の目の順に拾いながら、長々編みを2目編む。

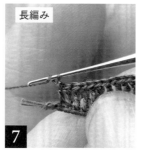

長編み

7 土台4〜3の目の順に拾いながら、長編みを2目編む。

中長編み

8 土台2の目を拾いながら、中長編みを1目編む。

こま編み

9 土台1の目に針を入れ、こま編みを1目編む。

葉の先端

くさり編み

1

くさり編みを2目編み、残り半分を編み進める。

葉の仕上げ

引き抜き編み

1

土台13の目に針を入れ、引き抜き編みを1目編む。

糸の処理

2

糸端を2cm残してカットし、糸を引き抜く。

ワイヤの始末

1

葉の先端のワイヤを1mm曲げ、先端に接着剤をつける。

2

ワイヤを下に引っ張り葉先のワイヤを隠す。

接着剤

葉の形を整える

1

葉の根元に接着剤をつけ、ワイヤの半分まで糸端を巻く。

糸端を巻く　少し曲げる

2

巻き終わったら糸端をカットし、接着剤をつけて始末する。

3

糸を巻いていない部分のワイヤを少し曲げる。

4

硬化液スプレーをかけ、乾いたら形を整える。同様にもう1枚作る。

花と葉の組み立て

組み立て図

3cm

5mm

ブローチピン

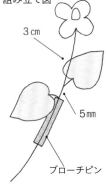

1

糸③を90cmカット。茎の根元に接着剤をつける。

3cm

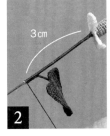

2

接着剤をつけながら糸を巻き、花から3cm離れたところに葉を巻き留める。

3

1番目の葉の5mm下に2番目の葉を接着剤をつけながら糸を巻く。

4

最後まで巻いたら糸端を2mm残してカットし、接着剤をつけて始末する。

ブローチピンの取りつけ

針は下に

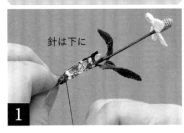

1

ブローチピンの両面に接着剤をつけ、下の葉に合わせて端から糸を巻きつける。

2

巻き終わったら両端の糸を2mm残してカットし、接着剤をつけて始末する。

3

硬化液スプレーをかけ、乾いたら形を整える。

ラビットビオラのブローチ

作品の大きさ　全長…8cm　花径…1.8cm

用意するもの

● 刺しゅう糸　DMC52①（紫系）、コスモ80
28②（黄系）、オリンパス289③（緑系）
● ワイヤ　#22、#26
● 金具　ブローチピン
● レース用かぎ針 10番

木工用接着剤、手芸用はさみ、
定規、爪楊枝、やっとこ、ニッパー、
油性サインペン黒（細字）、
硬化液スプレー、ウエットティッシュ

作り方

1 ― 花びらの前側を編む。
2 ― 1と合体させながら花びらの後ろ側を編む。
3 ― がくを編む。
4 ― 花、がく、茎を組み立てる。
5 ― 葉を編む。
6 ― 各パーツを組み合わせる。
7 ― 硬化液スプレーをかけてからブローチ
　　 ピンを取りつける。ビオラの顔を描く。

花びら（前側）の編み図

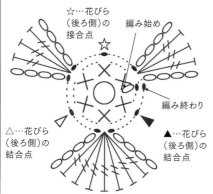

☆…花びら（後ろ側）の接合点
編み始め
編み終わり
△…花びら（後ろ側）の結合点
▲…花びら（後ろ側）の結合点

花びら（前側）を編む　1段目

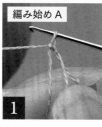

1 糸を1本取りし、編み始めAで編み始める。

2 こま編を6目、引き抜き編みを1目編み、1段目完成。

2段目

1 くさり編みを4目編む。

2枚目の花びら

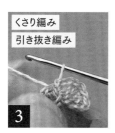

2 長々編み3目編み入れるを1目編む。

3 くさり編みを4目編み、引き抜き編みを1目編む。

4 モチーフの中心になる引き抜き編みを1目編む。

1 引き抜き編みを1目編む。

2 くさり編みを4目編む。

3枚目の花びら

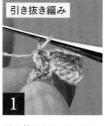

3 長々編み3目編み入れる。を1目、くさり編み4目、引き抜き編み1目を編み、2枚目の花びらが完成。

1 引き抜き編みを2目編む。

2 くさり編みを4目、長々編み7目編み入れるを編む。

3 くさり編みを4目、引き抜き編みを1目編み、3枚目の花びらが完成。

4 さらに引き抜き編みを2目編む。糸端を2cm残してカット。モチーフの完成。

花びら(後ろ側)の編み図

編み終わり

△…花びら（後ろ側）の結合点

編み始め

☆…花びら（後ろ側）の接合点

▲…花びら（後ろ側）の結合点

花びら(後ろ側)の編み始め

1 モチーフを裏返す。

2 糸①の先端2cmの部分を折る。

3 △部分に針を入れる。

引き抜き編み

4 針に糸をかけ、そのまま引き抜き、編み始めの糸の取りつけ完了。

結合準備1

くさり編み

1 くさり編みを4目編み、☆部分に針を入れる。

引き抜き編み

2 糸を引っかけ、引き抜き編み1目編む。

結合準備2

くさり編み

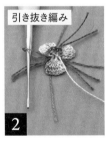

1 くさり編み4目を編み、▲部分に針を入れる。

花びら(後ろ側)の前半を編む

引き抜き編み

2 糸を引っかけ、引き抜き編みを1目編む。

くさり編み

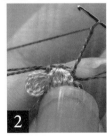

1 花びら（前側）を表に戻し、くさり編みを6目編む。

くさり編み

2 花びら（前側）を手前に少し折るとやりやすい。

束に編み入れる

3 四つ巻き長編み4目を束に編み入れる。(P.71参照)

束に編み入れる

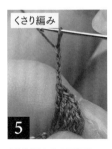

4 三つ巻き長編み1目を束に編み入れる。

花びら(後ろ側)の後半を編む

くさり編み

5 くさり編みを5目編む。

こま編み

6 裏側の同じじわに針を入れ、こま編みを1目編み、花びら（後ろ側）の半分完成。

こま編み

1 裏側のもう1つのわに針を入れ、こま編みを1目編む。

くさり編み

2 くさり編みを5目編む。

3 前半同様に花びら（後ろ側）の残りを編む。

糸の始末

1 編み終わりの糸端を2cm残してカットし、糸を引き抜く。

2 すべての糸端を2mmにカット。裏側で中心をふさがないように接着剤で固定。

3 接着部分を爪楊枝で押さえ、モチーフ全体にしっかり硬化液スプレーをかける。

重要　兎の耳のような整形がポイント！

4 乾いたら後ろ側の花びら2枚を引き上げるようにして形を整え、完成。

花芯を作る

1 糸②を3cmに、ワイヤ#22を8cmにカットする。

2 ワイヤの先端に接着剤をつけ、糸を巻きつける。

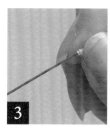

3 糸にも接着剤をつけ爪楊枝の頭で押さえ、指先でなじませ形を整える。

花びらと花芯の組み立て

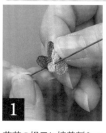

1 花芯の根元に接着剤をつけ、花びらの表からワイヤを通し、花芯を留める。

2 花の完成。

がくの編み図

編み始め
編み終わり

がくを作る

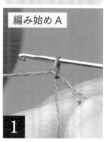

編み始めA

1 糸③を1本取りにして、編み始めAで編み始める。

くさり編み

2 くさり編みを全部で5目編む。

引き抜き編み
こま編み

3 引き抜き編みを1目、こま編みを3目編む。

こま編み

4 わの中手前から針を入れ、こま編みを1目編む。

5 がくの1枚目完成。

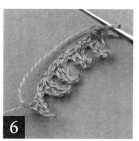

6 同様に**2**～**4**を繰り返し、がくを合わせて5枚編む。

7 5枚目が終わったら、編み始めの糸を絞ると、星形になる。

53

糸端の始末

1 糸端を90cm残してカットし、引き抜く。針をがくの表側の中心に通す。

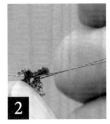

2 引き抜いた90cmの糸を針に引っかけ反対側へ引き抜く。

3 編み始めの糸端を2mm残してカットし、接着剤をつけ始末する。

4 花の茎にがくを通し、茎に接着剤をつけて、**2**の糸をすき間なく巻いていく。

5 花から4cm巻いたところで一旦止める。

葉の土台の作り方

1— 糸③を1本取りにする。
2— ワイヤ#26を3cmに切る。
3— 編み始めBで開始する。
4— ワイヤと針をわの中に入れる。
5— 左手でワイヤと糸端を一緒に持ち、くさり編みを1目編む。
6— ワイヤをくるむこま編みを5目編んだら糸端をカットする。
7— 続けてワイヤをくるむこま編みを10目（合わせて15目）編み、葉の土台の完成。

葉の土台を作る

葉の土台の編み図

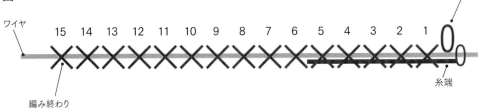

ワイヤ　15 14 13 12 11 10 9 8 7 6 5 4 3 2 1　編み始め

編み終わり　糸端

葉を編み進める

葉の編み図

編み始め

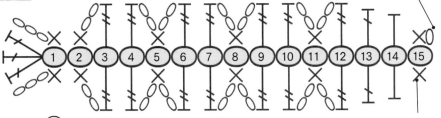

◯ …ワイヤをくるむこま編み

編み終わり

葉を編む

こま編み

1 土台15の目に針を入れこま編みを1目編む。

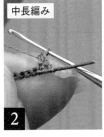

中長編み

2 土台14の目を拾いながら、中長編みを1目編む。

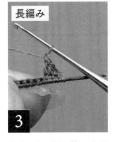

長編み

3 土台13の目を拾いながら、長編みを1目編む。

長々編み

4 土台12の目を拾いながら、長々編みを1目編む。

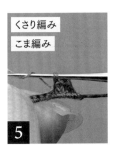

くさり編み
こま編み

5 くさり編みを2目編み、土台11の目に針を入れ、こま編みを1目編む。残りも編み図にそって編む。

葉の先端

こま編み　くさり編み

1

土台1の目に針を入れ、こま編みを1目編み、くさり編みを3目編む。

編み入れる

2

土台1の目を拾いながら、長編み3目編み入れる。

くさり編み　こま編み

3

くさり編みを3目編み、土台1の目に針を入れこま編みを1目編み、葉の先端完成。

4

続けて残りを編み、糸端を2cm残してカットし、引き抜く。もう1枚編む。

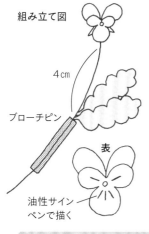

組み立て図

4cm

ブローチピン

表

油性サインペンで描く

ワイヤの処理

1

先端のワイヤを1mm曲げて接着剤をつけて下から引っぱり葉先にワイヤを隠す。

2

葉茎部分のワイヤに接着剤をつけ、5mm巻く。

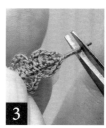

3

巻き終わったら指先でなじませ、余ったワイヤをカットする。

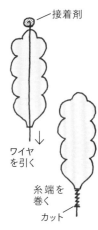

接着剤

ワイヤを引く

糸端を巻く

カット

パーツの組み立て

1

すでに4cm糸を巻いた花茎に接着剤をつけ、葉を1枚糸で巻き留める。

2

さらに接着剤をつけ、1枚目の葉の下にもう1枚の葉をつける

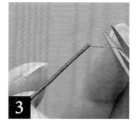

3

すき間なく糸を巻きつけたら、糸を2mm残して切る。

4

糸端に接着剤をつけ、爪楊枝の頭で押しつけ、指先でなじませる。

ブローチピンの取りつけ

針は下に

1

ブローチピンの両側に接着剤をつけ、葉のつけ根の部分に合わせ茎に取りつけ糸を巻く。

2

巻き終わったら両端の糸端を2mm残してカットし、接着剤をつけて始末する。

3

硬化液スプレーをかけ、乾いたら形を整える。

4

前側の花びらに図を参考に油性サインペン黒（細字）で線を入れ、完成。

ラビットビオラのマスクチャーム

追加で用意するもの

- 花モチーフ　1個
- 刺しゅう糸　DMC52（15cm）…1本
- 金具　透かしパーツカン2つつき（直径1cm）
　　　…1個、カニカン…1個、Cカン…4個、
　　　9ピン…2個、デザインピン…1個
- 天然石　アメシスト（4mm）…2個
　　　ライトアメシスト（10×14mm）…1個
　　　チェコガラス（ラウンド）
　　　　シャンパンクラスター（3mm）…1個

爪楊枝、ニッパー、やっとこ、
学校教材用接着剤（カネスチック）、
縫い針、糸通し、手芸用はさみ、定規

作り方

1 — ビーズつきの花を
　　1つ作る。
2 — 透かしパーツカンに
　　1を接着する。
3 — 9ピンにアメシストを
　　留める。
4 — デザインピンに
　　ライトアメシストを留める。
5 — 各パーツを組み立てる。

ビーズをつける（イヤーマスク、マスクチャーム用）

1 糸を針に通し、玉結びして花の裏側から中心を少しはずして表に針を通す。

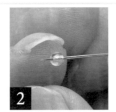

2 チェコガラス ラウンド（3mm）を針に通す。

3 花の表から針を刺し、ビーズを中心に留める。2、3度繰り返す。

4 花の後ろ側で玉留めし、余分な糸を切り、接着剤をつけて留める。

5 ビーズをつけた花の完成。

組み立てる

1 透かしパーツカン2つつきに接着剤をつける。

2 爪楊枝で接着剤をなじませ、モチーフをつける。

3 アメシスト（4mm）を9ピンに通し、余分なピンを切る。

4 切ったピンを9ピンのわと同じように丸める。同じものを2個作る。

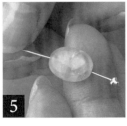

5 ライトアメシスト（10×14mm）にデザインピンを通す。

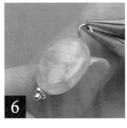

6 余分なピン切り、ピンを丸める。

7 カニカンとモチーフの間に金具やパーツを取りつける。続けて各パーツを組み立てて完成。

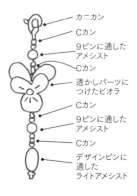

- カニカン
- Cカン
- 9ピンに通したアメシスト
- Cカン
- 透かしパーツにつけたビオラ
- Cカン
- 9ピンに通したアメシスト
- Cカン
- デザインピンに通したライトアメシスト

ラビットビオラのイヤーカフ

イヤーカフ-1

追加で用意するもの

● 花モチーフ　3個
● 刺しゅう糸　　DMC52（20cm）…1本
● 金具　座金つきバネ式イヤリング
　　　　　　シリコンカバーつき…1個
● 天然石
　　　チェコガラス（ラウンド）
　　　　シャンパンクラスター（3mm）…3個

縫い針、糸通し、手芸用はさみ、定規、
爪楊枝、強力接着剤（カネスチック）

作り方

1— 花モチーフを3個用意する。
2— 花モチーフに
　　チェコガラスを取りつける。
3— 2を金具の座金に接着する。

1 ビーズつきの花を3個作る。

2 イヤーカフ全体に強力接着剤をつける。

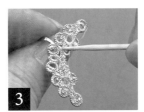

3 爪楊枝の先で接着剤をなじませる。

4 花を上中下の順につけ、金具が隠れるようにする。イヤーカフ-1の完成。

イヤーカフ-2

追加で用意するもの

● 花モチーフ　1個
● 刺しゅう糸　　DMC52（15cm）…1本
● 金具　イヤーカフ丸皿つき12mm RC
● チェコガラス（ラウンド）
　　　シャンパンラスター3mm…1個

縫い針、針通し、手芸用はさみ、定規、
爪楊枝、強力接着剤（カネスチック）

作り方

1— 花モチーフを1個用意する。
2— モチーフにチェコガラスを
　　取りつける。
3— 2をイヤーカフ丸皿つきに
　　つける。

1 ビーズつきの花を1個作る。

2 イヤーカフの丸皿に強力接着剤をつける。

3 爪楊枝の先で接着剤をなじませる。

4 花びらをイヤーカフの丸皿につける。

ムスカリのブローチ

作品の大きさ　全長…9㎝

用意するもの

● 刺しゅう糸　DMC794①（青系）、オリンパス2013②（緑系）、DMC841③（茶系）
● ワイヤ　＃22、＃26、＃28
● 金具　安全ピン（23㎜）1個
● レース用かぎ針10番
● 羊毛（手芸わた）…一握り

木工用接着剤、手芸用はさみ、定規、爪楊枝、やっとこ、ニッパー、硬化液スプレー、ウエットティッシュ

作り方

1 — 花のフリル部分を編む。
2 — 小花を編む。
3 — 花茎を作り、茎と花を組み立てる。
4 — 3に安全ピンをつける。
5 — 葉を作る。
6 — 球根と根を作る。
7 — 花、葉、球根を組み立てて完成。

花を作る

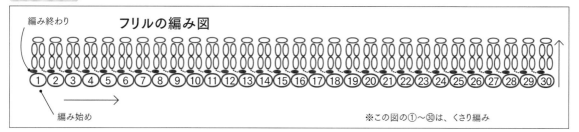

フリルの編み図

編み終わり

編み始め

※この図の①〜㉚は、くさり編み

フリルを編む

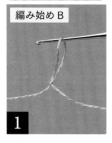

編み始めB

1　糸①を1本取りにして編み始めBで編み始める。

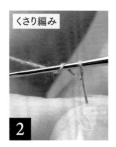

くさり編み

2　土台となるくさり編みを30目編む。

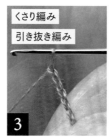

くさり編み　引き抜き編み

3　さらにくさり編みを5目編み、土台の30目に針を入れ、引き抜き編みを1目編む。

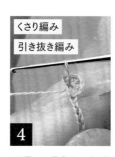

くさり編み　引き抜き編み

4　29目〜1目まで、くさり編み5目と引き抜き編み1目を繰り返してフリルにする。

糸の始末

2本の糸端を2㎜残してカットし接着剤で編み地に固定する（P.21〜22参照）。

花の編み図

編み終わり

編み始め

小花を編む　1段目

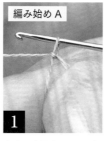

編み始めA

1　糸を1本取りにして、編み始めAで始める。

こま編み　引き抜き編み

2　こま編みを4目、引き抜き編みを1目編み、1段目完成。

2段目

くさり編み　編み入れる　引き抜き編み

くさり編みを1目、こま編み2目編み入れるを4目、引き抜き編みを1目編み、2段目完成。

3段目

くさり編み こま編み
引き抜き編み

くさり編みを1目、こま編みを8目、引き抜き編みを1目編み、3段目完成。

編み地の反転

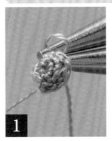

1

編み始めの糸を引っ張り、中心を絞り、表地が外側になるように裏返す。

2

引っ張った糸を編み地の中に入れる。

4段目

くさり編み 2目一度
引き抜き編み

くさり編みを1目、こま編2目一度を4目、引き抜き編みを1目編み、4段目の完成。

糸の始末

編み終わりの糸端を2cmでカットし、引き抜く。

小花の仕上げ

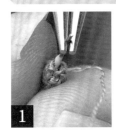

1

ワイヤ#28を2cmにカットし、先端に接着剤をつけ小花に刺す。

2

小花の根元に接着剤をつけ、糸端を2回巻きカットする。

3

糸端に接着剤をつけ、爪楊枝の頭で押さえる。

小花の茎に糸を巻く

1

小花の根元に接着剤をつけ、5cmにカットした糸②をワイヤの半分まで巻く。

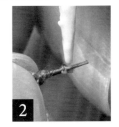

2

糸端に接着剤をつけ始末する。同じものを10個作る。

茎を作る

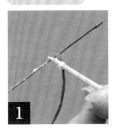

1

糸②（6本取り）を25cm、ワイヤ#22を8cmにカットし、接着剤をつけながらすき間なく糸を巻く。

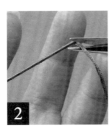

2

巻き終わったら糸端を2mm残してカットし、接着剤で始末する。

花の組み立て

1

新たに糸②を1本取りにし30cmで切り、ワイヤの先端から1cmのところに接着剤をつける。

2

下向きにした小花をつける。さらに接着剤をつけ、糸を巻きながら固定する。

3

一段目に小花を5個、2段目にも小花を5個、接着剤をつけながら糸を巻き固定する。

安全ピンをつける

4

茎の先端に接着剤をつけてフリルを巻き、さらにフリルに接着剤を少しつけて全体の形を整える。

針が下に

1

茎と安全ピンに接着剤をつけ、茎の下から2.5cmのところに貼り合わせる。

2

糸30cmをすき間がないように巻きつけ、両端の糸端を2mm残して切り、始末する。

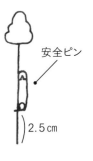

安全ピン

2.5cm

葉の土台を作る

葉の土台の作り方

1— 糸②を1本取りにする。	6— ワイヤをくるむこま編みを 5目編んだら糸端をカットする。
2— ワイヤ＃26を6cmにカットする。	
3— 編み始めBで開始する。	7— 続けてワイヤをくるむこま編みを 30目（合わせて35目）編み、 葉の土台の完成。
4— ワイヤと針をわの中に入れる。	
5— 左手でワイヤと糸端を一緒に持ち、 くさり編みを1目編む。	

葉の土台の編み図

葉を編み進める

葉の編み図

⬭…ワイヤをくるむこま編み

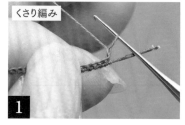

くさり編み

1 くさり編みを1目編む。

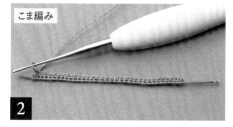

こま編み

2 土台35〜2の目を拾いながら、こま編みを34目編む。

葉の先端

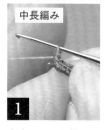

中長編み

1 土台1の目を拾いながら、中長編みを1目編む。

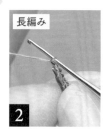

長編み

2 同じく土台1の目を拾いながら、長編みを2目編む。

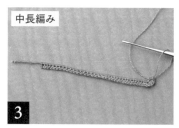

中長編み

3 土台1の目を拾いながら、中長編みを1目編み、先端部が完成。

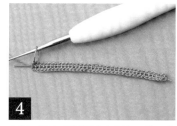

4 さらに続けて残り半分を編む。葉の糸端を2cmでカットして引き抜く。

ワイヤの処理

1 ワイヤの先端1mmを曲げて接着剤をつけ、下に引き、葉先にワイヤを隠す。

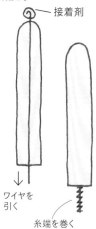

接着剤

ワイヤを引く

糸端を巻く

2 茎側のワイヤに接着剤をつけ、ワイヤの最後まで糸を巻く。

3 巻き終わったら、糸端を2mm残して切り始末する。同様に、葉を3個作る。

球根を作る

球根の編み図

編み終わり

編み始め

1段目

編み始めA	こま編み
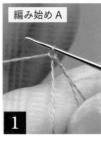	
糸を1本取りし、編み始めAで編み始める。	こま編みを6目編む。

2段目

引き抜き編み	くさり編み

引き抜き編みを1目編み、1段目完成。	くさり編みを1目編む。

3段目〜9段目

編み入れる	引き抜き編み	くさり編み	こま編み	引き抜き編み
	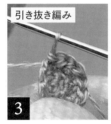			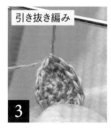
こま編み2目編み入れるを6目編む。	引き抜き編みを1目編み、2段目が完成。	くさり編みを1目編む。	こま編みを12目編む。	引き抜き編みを1目編み、3段目完成。以下、編み図に従って9段目まで編み進める。

10段目

くさり編み	2目一度／引き抜き編み
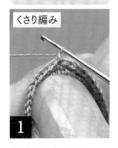	
くさり編みを1目編む。	こま編み2目一度を24目、引き抜き編みを1目編み、10段目が完成（9段目より24目減）。

11段目〜13段目

くさり編み	こま編み／引き抜き編み

くさり編みを1目編む。	こま編みを24目、引き抜き編みを1目編み、11段目が完成。編み図通りに続ける。

14段目

2目一度／引き抜き編み

こま編み2目一度を6目、引き抜き編み1目を編み、14段目が完成。

羊毛を詰める

1 編み始めの糸を引っ張って中心を絞り、余った糸を編み地の中に入れる。

2 羊毛を一握り圧縮して形を整え、編み地に詰める。

3 糸を絞って口をしめる。

糸の処理

1 編み終わりの糸端を2cm残してカットし、糸を引き抜く。

2 糸端を2mmでカットし、接着剤をつける。次に、口の脇に糸を留め、球根が完成。

根を作る

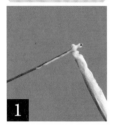

1 ワイヤ#28を5cmにカットし、ワイヤの先端に接着剤をつける。

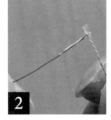

2 糸③を30cmにカットし、先端からワイヤに糸を巻く。

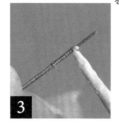

3 5mm残して糸を巻き、接着剤をつけ始末する。

5mm巻かずに残す。

根に形をつける

1 針先にワイヤを巻きつけ形を作る。

2 糸を巻いていないワイヤの5mm部分を直角に折り曲げる。

3 同じものを3本作る。

球根に根をつける

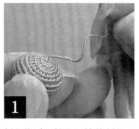

1 折り曲げた部分に接着剤をつけ、球根の中心の穴に根を刺し込む。

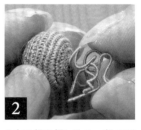

2 3本の根を押し込み、根の形を整える。

花、葉、球根の組み立て

1 花、葉、球根を用意する。

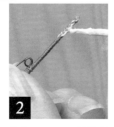

2 花茎の下5mmに接着剤をつけ、球根の中心の穴に入れる。

3 葉の下部に接着剤をつけ、花を囲むように2枚は花茎の両脇の穴に1本は前の穴に刺し込む。

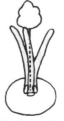

葉3枚のつけ根は重なるように刺し、裏側に接着剤をつけ、固定する。

4 形を整えてから、葉が重なる部分は特にしっかり硬化液スプレーをする。

根つきスズランのブローチ

作品の大きさ　全長…10.5cm　花径…0.7cm

用意するもの

- 刺しゅう糸　DMC ECRU①（白系）、
  DMC4045②（緑系）、コスモ8063③（紫系）
- ワイヤ　#26、#28
- 金具　ブローチピン、丸小ビーズ…5個
- レース用かぎ針10番
- 麻ひも…20cm

縫い針、糸通し、木工用接着剤、
手芸用はさみ、定規、爪楊枝、やっとこ、
ニッパー、硬化液スプレー、ウエットティッシュ

作り方

1― 花を作る。
2― 葉を作る。
3― 花と葉を組み立てる。
4― 根を作り、3に組み合わせる。
5― ブローチピンを取りつける。

花の編み図

編み終わり

編み始め

花を作る　1段目

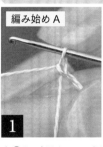

1 糸①を1本取りにし、編み始めAで編み始める。

2 こま編みを6目編む。

3 引き抜き編みを1目編み、1段目が完成。

2段目

1 くさり編みを1目編む。

2 こま編み2目編み入れるを6目編む。

3 引き抜き編みを1目編み、2段目が完成。

3段目

1 くさり編みを1目編む。

2 こま編み2目一度を6目編む。

3 引き抜き編みを1目編み、3段目が完成。

編み地の反転

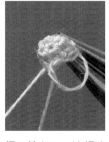

編み地をひっくり返す（表地が外側になる）。

4段目

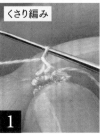

1 くさり編みを1目編む。

2 こま編みを6目編む。

3 引き抜き編みを1目編み、4段目が完成。

5段目

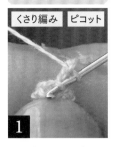

くさり編み **ピコット**

1

くさり編みを4目編み、こま編みの頭半目に針を入れる（P.72参照）。

2

さらにこま編みの足1本に針を入れる。

3

糸をかけ一度に引き抜く。くさり4目の引き抜きピコットを1目編む。

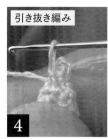

引き抜き編み

4

引き抜き編みを1目編む。

ピコット
引き抜き編み

5

鎖4目の引き抜きピコットを6目、引き抜き編み1目を編み、5段目が完成。

糸端の始末

1

糸端を2cm残してカットする。

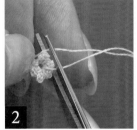

2

編み始めと編み終わりの糸2mm残してカットする。

3

糸端を内側の見えないところで、接着剤をつけて始末する。

4

花の完成。同じものを5個作る。

葉の土台を作る

葉の土台の作り方

1― 糸②を1本取りにする。
2― ワイヤ＃26を7cmにカットする。
3― 編み始めBで開始する。
4― ワイヤと針をわの中に入れる。
5― 左手でワイヤと糸端を一緒に持ち、くさり編みを1目編む。

6― ワイヤをくるむこま編みを5目編んだら糸端をカットする。
7― 続けてワイヤをくるむこま編みを35目（合わせて40目）編み、葉の土台の完成。

葉の土台の編み図

編み終わり　　　　　　　　　　　　　　　　　　　　　　　　　　　　　編み始め

40 39 38 37 36 35 34 33 32 31 30 29 28 27 26 25 24 23 22 21 20 19 18 17 16 15 14 13 12 11 10 9 8 7 6 5 4 3 2 1

ワイヤ　　　　　　　　　　　　　　　　　　　　　　　　　　　　　　　　　　糸端

葉を編み進める

葉の編み図

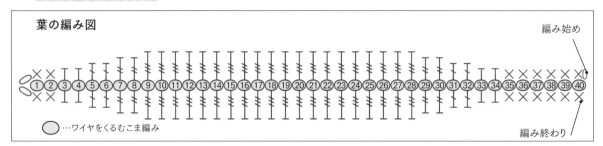

編み始め

編み終わり

◯…ワイヤをくるむこま編み

編み始め B

1 葉の土台のワイヤを180度回転させる。こま編み最後の目（図の40）が始まりになる。

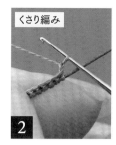

くさり編み

2 くさり編みを1目編む。

こま編み

3 土台40〜35の目を拾いながら、こま編みを6目編む。

中長編み

4 土台34〜33の目を拾いながら、中長編みを2目編む。

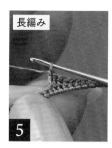

長編み

5 土台32〜31の目を拾いながら、長編みを2目編む。

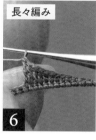

長々編み

6 土台30〜29の目を拾いながら、長々編みを2目編む。

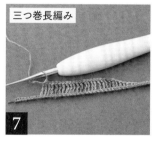

三つ巻長編み

7 土台28〜9の目を拾いながら、三つ巻長編みを20目編む。

長々編み

8 土台8〜7の目を拾いながら、長々編みを2目編む。

長編み

9 土台6〜5の目を拾いながら、長編みを2目編む。

中長編み

10 土台4〜3の目を拾いながら、中長編みを2目編む。

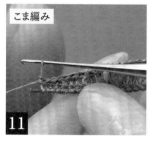

こま編み

11 土台2〜1の目を拾いながら、こま編みを2目編む。

葉の先端 **くさり編み**

くさり編みを2目編む。

後半を編む **こま編み**

1 土台1の目を拾い、こま編みを1目編み、続けて残りを編む。

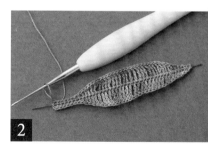

2 葉の完成。

ワイヤの始末

1 編み終わりの糸端を10cm残してカットし、糸を引き抜く。

2 葉の先端のワイヤ1mmを曲げ、接着剤をつける。

接着剤

糸端を巻く

ワイヤを下へ引き、葉先のワイヤを隠す。

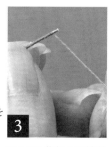

3 ワイヤの茎部分に接着剤をつけ、糸を巻き余分な糸をカットする。

4 糸端に接着剤をつけ、指先でなじませる。葉を2枚作る。

小花の組み立て

ビーズを通す

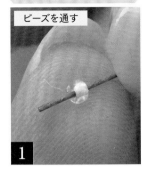

1

ワイヤ#28を1.5cmにカットし、ワイヤに丸小ビーズを通す。

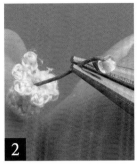

2

ワイヤの先端を丸める。花の中心に、ワイヤを上側から通す。

3

丸小ビーズの根元に接着剤をつけ、花に丸小ビーズを入れ込む。

4

小花の完成。同様に5個作る。

花茎に糸を巻く

1

花の根元に接着剤をつけ、5cmにカットした糸②を花の根元から5mm巻く。

2

余分な糸をカットし、接着剤をつけ爪楊枝の頭で押さえ、指先でなじませる。

3

ワイヤの糸を巻いていない部分を90度折り曲げる。

4

先端の小花

5個の中の1個は先端に使用するので、糸を巻かずワイヤを5mmにカットする。

小花の組み立て図

ビーズをワイヤに通す

花にビーズをセットする

5mm

ワイヤを曲げる

5mm

花穂の組み立て図

1cm

5mm

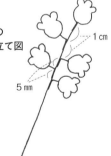

花穂の組み立て

1

ワイヤ#26を7cmにカットし先端に接着剤をつけ、先端に使用する花をつける。

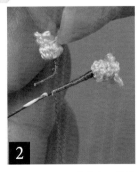

2

70cmにカットした糸②を、接着剤をつけながら巻いていく。次の花を巻き留める。

3

接着剤をつけながら糸を巻き、花を組み込んでいく。

4

巻き終わったら糸を2mm残してカットし、接着剤をつけて始末する。

66

花穂と葉を組む

1 花茎と葉を合わせ、30cmに切った糸②を通し、葉の編み目に通す。

2 花茎を葉の葉脈のワイヤにそわせながら、2cmほどかがる。

3 もう1枚の葉を茎を隠すようにつけ、中心に向かってかがる。

4 糸が隠れる位置で玉留めしてカットする。

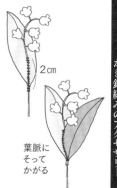

2cm

葉脈に
そって
かがる

根を作る

1 麻ひもを20cmにカットし、4等分する（1本5cm）。麻ひものよりをほどく。

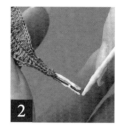

2 ワイヤ部分のすべてに接着剤をつける。

3 茎の下部に接着剤をつけ麻ひもを留め、反対側にも麻ひもをつける。

麻ひもを
表裏それぞれ
2本つける

4 糸③を90cmにカットし麻ひもを隠すように葉の側から接着剤をつけ糸を巻く。

5 最後まで巻いたら糸端をカットし、接着剤をつけ始末する。

6 麻ひもを爪楊枝でほぐす。

7 モチーフの完成。

ブローチピンをつける

針は下に

1 ブローチピンの表側に接着剤を塗りモチーフにつけ、接着剤が乾いたら縫い留める。

2 十分縫い留めたら糸端をカットし、接着剤で始末し、縫った糸にも接着剤をつける。

3 形を整え、硬化液スプレーをかける。

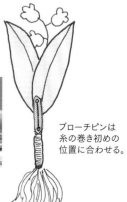

ブローチピンは
糸の巻き初めの
位置に合わせる。

Chapter 3

かぎ針編みの
基本とテクニック

かぎ針編みは一見むずかしそうですが、
編み方と編み目記号図（編み図）の読み方がわかれば、
作品が作れるようになれます。たくさん作って慣れましょう。

本書でよく使う基本の編み方

本書で作り方を紹介している作品は、2種類ある「わの作り方」のどちらかでスタートし、
なるべくむずかしい編み方をしないで作品を作れるようにしてあります（わの作り方は P.18 参照）。
本書で使用している基本的な編み方を紹介します。

◆編み図と編み目記号

編み図は編み物の設計図で、それぞれの編み方を編み目記号で表しています。編み目記号は JIS（日本産業規格）で定められていますが、作家によっては独自の編み方と記号を使うことがあります。編み図は基本的に、表から見た状態が描かれています。

くさり編み　最も基本的な編み方。最初の目になることが多い。

  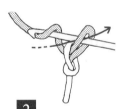 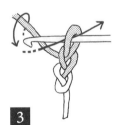 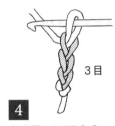

1 針の先に糸をかける。

2 針にかけた糸をループから引き出したら、くさり編みが1つできる。

3 続ける場合は、**1**と**2**を繰り返して編み進める。

4 くさり編みが3目完成。

3目

引き抜き編み　編み目に糸をかけて引き抜くだけ。

 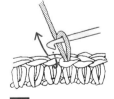  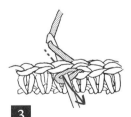 

1 前段の目に手前から針を入れる。

2 差したまま針に糸をかける。

3 差し込んだ目と最初に針にかかっていたループを一度に引き抜く。

4 引き抜き編みが1目完成。

こま編み（細あみ）　基本的な編み方の1つで、しっかりした編み目になる。

1 前段の目に手前から針を入れる。

2 針に糸をかけて手前に引き出し、ループを作る。

3 さらに針に糸をかけ、針にかかった2つのループを一度に引き抜く。

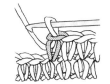

4 こま編みが1目完成。

中長編み　くさり編み2目分の高さがある編み目。

1 針に糸をかけ、前段の目に手前から針を入れる。

2 針に糸をかけ、手前に引き出し、ループを作る。

3 さらに針に糸をかけ、針にかかった3つのループを一度に引き抜く。

4 中長編みが1目完成。

長編み　くさり編み3目分の高さがある編み目。

1 針に糸をかけ、前段の目に針を入れ、さらに糸をかけ、手前に引き出す。

2 針に糸をかけ、針にかかっている左側2つのループを引き抜く。

3 さらに針に糸をかけ、針にかかっている残り2つのループを一度に引き抜く。

4 長編みが1目完成。

長々編み　くさり編み4目分の高さがある編み目。

1 針に糸を2回巻き、前段の目に針を入れ、さらに糸をかけて手前に引き出す。

2 針に糸をかけ、針にかかっている左側2つのループを引き抜く。

3 さらに針に糸をかけ、針にかかっている左側2つのループを引き抜く。再度針に糸をかけ、針にかかっている残り2つのループを一度に引き抜く。

4 長々編みが1目完成。

少しむずかしい編み方

ナチュラルなボタニカル作品の表現には、目を増やしたり目を減らしたり縁を飾ったりするなど、中級程度のテクニックが必要になります。

こま編み2目一度　未完成のこま編みを2目編み、それを1目にして目を減らす手法。

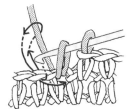

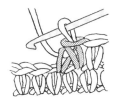

1 前段の目に手前から針を入れ、手前に引き出しループを作る。

2 未完成のこま編み1目の状態から、次の目も同様にしてループを作る。

3 未完成のこま編み2目の状態から、針に糸をかけ、矢印の方向に3つのループを一度に引き抜く。

4 こま編み2目一度が完成（前段より1目減る）。

こま編み2目編み入れる　前段の1つの目にこま編みを2目編み、目を増やす手法。

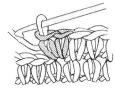

1 こま編みを1目編む。

2 同じ目に針を入れ、針に糸をかけて手前に引き出しループを作る。

3 針に糸をかけ、針にかかっている2つのループを一度に引き抜く。

4 こま編み2目編み入れるが完成（前段より1目増える）。

長編み2目編み入れる　前段の1つの目に長編みを2目編み入れ、目を増やす手法。

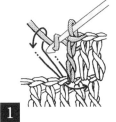
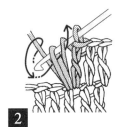

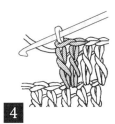

1 長編みを1目編み、針に糸をかけて同じ目に針を入れ、さらに糸をかけて手前に引き出し、ループを作る。

2 針に糸をかけ、針にかかっている左側2つのループを引き抜く。

3 さらに針に糸をかけ、針にかかっている残り2つのループを一度に引き抜く。

4 長編み2目編み入れるが完成。

三つ巻き長編み（四つ巻き長編み）

くさり編み5目分（くさり編み6目分）の高さがある編み目。（ ）内は四つ巻き長編みの場合。

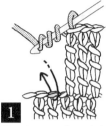

1
針に糸を3回（4回）巻き、前段の目に手前から針を入れる。

2
針に糸をかけ、手前に引き出しループを作る。

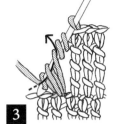

3
さらに針に糸をかけ、針にかかっている左側2つのループを引き抜く。

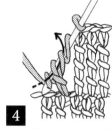

4
さらに針に糸をかけ、針にかかっている左側2つのループを引き抜く。

5
さらに針に糸をかけ、針にかかっている左側2つのループを引き抜く。

6
再度、針に糸をかけ、針にかかっている残りの2つのループを引き抜く（もう1度 **6** を繰り返す）。

7
三つ巻き長編み（四つ巻き長編み）が1目完成。

長編み6目を編み入れる（束に編む）

前段の編み目に入れるのではなく、くさりをそっくり拾う編み方。

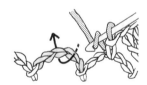

1
針に糸をかけ、前段のくさりの下の空間に針を入れる（束に拾う）。

2
長編みを1目編む。

3
同様に **1** と同じくさりの下を拾いながら長編みを2目編む。

4
長編み3目が束に編み入れられた。

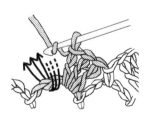

5
同様に針に糸をかけ、さらに同じくさりの下を拾いながら、再度長編み3目を編み入れる。

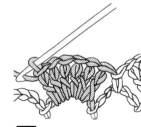

6
長編み6目を（束に）編み入れるが完成。

鎖4目の引き抜きピコット　ピコットとは、編み地の縁をかわいく仕上げる手法の1つ。

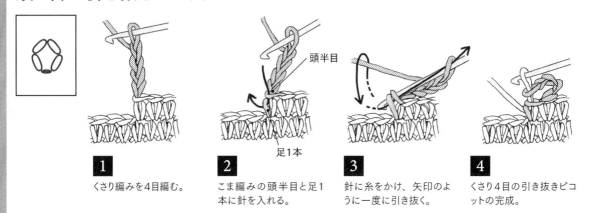

1 くさり編みを4目編む。

2 こま編みの頭半目と足1本に針を入れる。

3 針に糸をかけ、矢印のように一度に引き抜く。

4 くさり4目の引き抜きピコットの完成。

【重要！】

編み目記号のポイント

同じ編み方でも、編み目記号の根元の形により、編み入れ方が異なります。

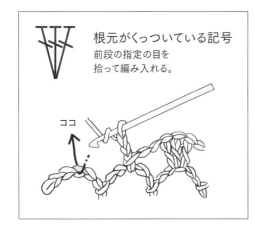

根元がくっついている記号
前段の指定の目を
拾って編み入れる。

ココ

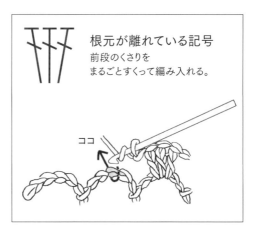

根元が離れている記号
前段のくさりを
まるごとすくって編み入れる。

ココ

未完成の編み目とは？

こま編み、中長編み、長編みなどで、
最後の引き抜きの直前の状態の編み目のことです。
目を減らすときなどに出てきます。

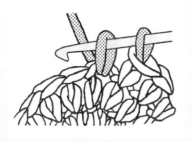

葉の土台の作り方

葉の土台の作り方は、葉にワイヤを組み込むこの本独自の手法です。
むずかしいテクニックは使用していないので、チャレンジしてみてください。

土台の編み図

ワイヤ

編み始め

編み終わり

糸端

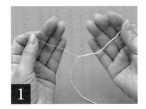

1 糸を1本取りする。

2 作品に合わせた太さのワイヤを、作品の大きさに合わせて切る(本書では作品ごとに表示)。

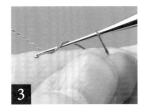

3 編み始めB(P.18参照)でスタート。

4 左手でワイヤをわのなかに入れ、糸端を一緒に持ち、右手で針をわの中に入れる。

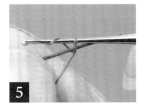

5 針に糸をかけループを引き抜き、くさり編みを1目編む。

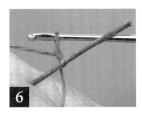

6 くさり編みが1目完成。

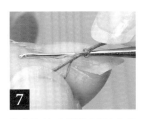

7 針をワイヤの手前の下から向こう側にもっていき、針に糸を引っかける。

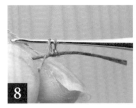

8 糸をワイヤの手前に引き出し、ループを作る。

9 針に糸をかける。

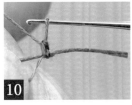

10 糸を引き抜く。これを「ワイヤをくるむこま編み」という(糸端も一緒にくるまれた)。

11 5目編んだら糸端をカットする。

12 続けて、ワイヤをくるむこま編みを図に従った数の目を編み、土台の完成。

Q 足りなくなった糸を
つなぐ方法はありますか?

初心者が一番あわてやすいのが、
編んでいる途中で糸が足りなくなってしまったとき。
糸を結ぶ方法と、糸を編みつなぐ方法を紹介します。

A [糸を結ぶ方法・はた結び] 丈夫に糸を結び、抜けない結び方。
コツさえつかめば手軽に糸をつなげます。

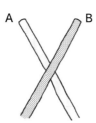
1 左側(B)を上にして2本
の糸を交差する。

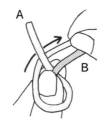
2 指で交差部分を押さえ
Aを1周させる。

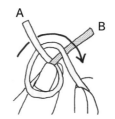
3 そのままAとBの間に動
かしたAを通す。

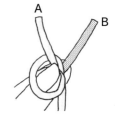
4 指で押さえたわを維持し
てBを持つ。

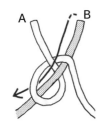
5 Bの先端を矢印のように
わにくぐらせる。

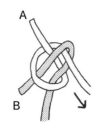
6 Bがわにくぐったところ。

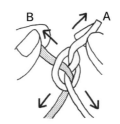
7 ABそれぞれを矢印の方
向に引き締める。

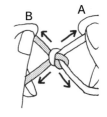
8 さらに強く引き締めてで
きあがり。

A [編みつなぐ方法] 編んでいるモチーフに結び目ができないつなぎ方です。
編んでいる途中で新しい糸にかけかえて編み進めます。

こま編みの場合

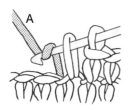
1 こま編みの途中で新しい
糸Aを引っかける。

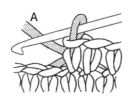
2 引き抜く。

長編みの場合

1 長編みの途中で新しい
糸Aを引っかける。

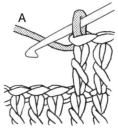
2 引き抜く。

Q 編み終わりの糸はどうしたらよいですか?

A くさり編み、こま編み、引き抜き編みなどの最後の糸を引き出して引き締めます。抜き方を間違ってしまうと、せっかく編んだモチーフが壊れるので注意します。

1 針に糸をかけ、引き抜き編みを1目編む。

2 編んだらそのまま糸を引き、針にかかったループを大きくする。

3 糸を引き抜き、糸端2cmを残してカットする。

4 糸端を引き、ループを引き締める。

Q 糸端の始末の方法は?

A 糸端を短く切り、木工用接着剤をつけて爪楊枝の頭で押さえ、目立たない場所に固定します。

1 針にかかったループを引き抜き、糸を引き締める。

2 糸を2mm残して切る。

3 爪楊枝の先などで接着剤をつける。

4 爪楊枝の頭で接着したところを押さえる。

Q モチーフを縫い針と糸でかがるときは?

A かかりはぎの要領でモチーフを重ね、境目の編み目をとじるように縫っていきます。針の向きと目と目の間隔をそろえるときれいにできます。使う糸の長さは、とじる部分の実寸の3.5倍以上を用意しましょう。

1 縫うための糸を縫い針に通し、2つのモチーフをかがる。

2 葉の中央に向かって2cmほどかがる。

3 図のように糸を通して留める。

Q 刺しゅう糸を分けたときは?

A 糸が絡まってしまうと編みにくいので、山折りにした厚紙などに巻いてまとめておくと使いやすいです。

1 刺しゅう糸をばらして目的の本数に分ける。

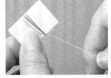

2 用意しておいた厚紙などに巻きつける。

3 完成。

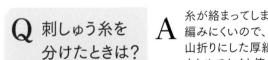

Q 木工用接着剤が手やモチーフについて目立ちます

A 手についた接着剤は、ウエットティッシュで拭き取るときれいに落ちます。手についた接着剤はこまめに拭き取り、常にきれいな状態で作業するのが、きれいなアクセサリーを作るコツです。モチーフから接着剤がはみ出して目立つときは、早めに表面を軽くウエットティッシュで拭きますが、乾くと透明になって目立たなくなります。

コード、アクセサリー金具などの取りつけ方

作品を作ったら、飾るだけではなく、金具などに取りつけてみましょう。
すてきなアクセサリーになります。

レザーコード（革ひも）

●レザーコードとは、動物の革製のひものことで、質感に優れ強度があります。

「とめ結び」で長さが調節できるように結ぶ

コードを使ったネックレスなどの長さを、自由に調節できるようにする結び方です。

1 左右のコードを交差させる。

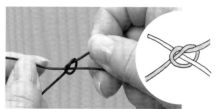

2 片方のコードだけを一度巻きつけて、くぐらせてから引く。

3 反対側のコードも、**2**と同じように結ぶ。

4 2つの結び目を引き締めて整える。

丸カンとCカン

●丸カンとは、金具パーツ同士をつなげる丸い形をした金属で、1ヵ所切断されています。さまざまな素材や大きさ、太さがあるので、用途に合わせて選びます。

●Cカンの役割は丸カンと同じですが、丸カンよりも形が縦長です。モチーフなどが収まりやすく、連結がはずれにくいので、適材適所で使います。

丸カンの取りつけ方 （Cカンも同じ）

1 丸カンの切れ目を上にし、やっとこで丸カンの両端を持つ。

2 やっとこに力を加え、丸カンの切れ目を前後に広げる。

3 パーツなどを丸カンに通す。

4 やっとこで丸カンの切れ目を元に戻す。

5 さらにやっとこで切れ目を押しつける。

完成

イヤー用パーツ

●イヤーカフ用パーツ
ピアスのように耳に穴を開ける必要がなく、男性も女性も、おしゃれに取り入れやすいイヤーカフ。両耳に着ける際はアシンメトリー（左右非対称）に着けるのが基本です。

●ノンホールピアス
耳にピアスの穴をあけずにつけられる金具です。クリップのような金具で耳たぶを挟んで着けます。

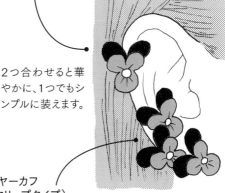

イヤーカフ（輪っかタイプ）

2つ合わせると華やかに、1つでもシンプルに装えます。

イヤーカフ（クリップタイプ）

イヤーカフには、輪っかタイプ、クリップタイプ、引っかけるタイプがあります。耳の縁と耳たぶに着けたり、ピアスと一緒に着けたりするなど、コーディネートも楽しめます。

9ピン

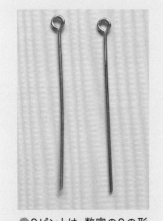

●9ピンとは、数字の9の形をしたピンで、ビーズなどのアクセサリーを留めて連結します。ほかにT字形のTピンなどがあります。

9ピンの留め方

1 9ピンにビーズを通す。

ニッパー

2 ビーズが遊ばないようにピンを直角に曲げ、8mm程度残してピンを切る。

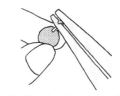

3 先の丸いやっとこでピンを少しずつ丸める。

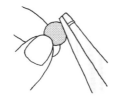

4 ピンの先端をビーズにつけ、しっかりとじる。

5 横から見たときにS字形になるようにする。

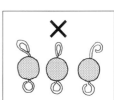

×

丸め方を失敗した例
形が悪いと見た目がよくなく、ピンがはずれやすくなるので、丁寧に作りましょう。

実物の花と並べて楽しむ

実物を観察しながらデザインしているので、本物の植物と見まがうかも。お客様をお出迎えするときの、ちょっとした演出に。

アクセサリーとして身に着ける

作品をナチュラルでやさしいブローチやイヤーカフ、リングにして身に着けると、気持ちも明るくなります。

手作りのアクセサリーケースで保管しながら愛でる

せっかく作ったのだから、保管方法も一工夫。飾れる手作りのケースが高級感を高めます。

植物標本のように飾って眺める

いろいろ作って集めると、まるで植物の標本箱のよう。その日の気分や季節に合わせてチョイスし身に着けても。

材料の購入先とネットショップ

材料がそろう
おすすめの手芸店

ユザワヤ

手作りホビー材料の大型専門店。
世界中のさまざまな材料や道具をそろえる。
日本各地に店舗展開している。

https://www.yuzawaya.co.jp/
（オンラインショップ）
https://www.yuzawaya.shop/

PARTS CLUB（パーツクラブ）

ビーズやアクセサリーパーツの専門店。
ベーシックなものからたくさんの種類をそろえる。
日本各地に店舗展開している。

https://www.endless-inc.jp/
※オンラインショップは休止中

手芸の越前屋（しゅげいのえちぜんや）

創業1865年から続く手芸用品の専門店。
戦前から英国製の刺しゅう糸を輸入。
生活に密着した材料を数多くそろえる。

https://www.echizen-ya.co.jp/
（オンラインショップ）
https://www.echizen-ya.net/

貴和製作所（きわせいさくじょ）

創作意欲をかき立てる品ぞろえが魅力の
アクセサリーパーツ専門店。
東京、神奈川、大阪、福岡に店舗展開している。

https://www.kiwaseisakujo.com/
（オンラインショップ）
https://www.kiwaseisakujo.jp/shop/

松尾由利さんの作品の
常設展示ギャラリー

松尾さんのかぎ針編みの
アクセサリーの中でも、
繊細で難易度が高いブローチを
オーナーが注文し、
多くの作品を自ら額装して展示している。

Miniature & Gallery
NOE CAFE
東京都練馬区
平和台3-14-1
不定期休。確認はインスタで。
Instagram @noecafe
11:00〜17:00

静かな住宅地の中にある、
ひときわおしゃれな
ミニチュアギャラリー。

[著者紹介]

松尾由利 (まつお ゆり)

手仕事好きな母の影響で、子どものころから様々な
手芸に親しみ、各種教室に通いかぎ針編みでアク
セサリーを制作するようになる。かぎ針編みで生き
ている植物の姿を表現したいという思いがつのり、
試行錯誤を重ね「ボタニカル・クロシェ（植物のかぎ
針編み）」にたどりついた。2003年よりデザインフェ
スタへの出展や委託販売などで、作家活動を開始。
草花の繊細さを表現した作品が評判の人気作家。
Instagram@yuri_yury_

参考文献
松村忍監修『かぎ針編み 困ったときに開く本』新星出版社 2020年
せばたやすこ著『イチバン親切な かぎ針編みの教科書』新星出版社 2009年

デザイン ◉ 矢作裕佳(sola design)
図版作成 ◉ 岩下紗季子
写真撮影 ◉ 杉山和行(講談社写真部)、弘兼奈津子
撮影協力 ◉ Miniature & Gallery NOE CAFE
写真提供 ◉ 松尾由利、澤泉美智子
編集協力 ◉ 澤泉美智子(澤泉ブレインズオフィス)

刺しゅう糸で編む
小さな花の
ボタニカル・アクセサリー

2021年11月29日　第1刷発行

著　者　　松尾由利
発行者　　鈴木章一
発行所　　株式会社 講談社
　　　　　〒112-8001　東京都文京区音羽2-12-21
　　　　　（販売）03-5395-3606
　　　　　（業務）03-5395-3615
編　集　　株式会社講談社エディトリアル
　　　　　代表　堺 公江
　　　　　〒112-0013　東京都文京区音羽1-17-18　護国寺 SIAビル6F
　　　　　（編集部）03-5319-2171
印刷所　　大日本印刷株式会社
製本所　　大口製本印刷株式会社

N.D.C.594　79 p　26cm
©Yuri Matsuo, 2021 Printed in Japan
ISBN978-4-06-524250-6